JN209823

はじめに……2

1章 新しい言葉も、古い言葉も楽しい……13

●私は流行語が大好き……14
●言葉遊び、ダジャレ文化は不滅……16
●楽しい「DAI語」……20
●「マジでヤバイ」が一番ぴったりするときもある……22
●語彙が少なすぎるのは「ヤバイ」です……25
●「食レポ」の貧困……29
●「歳時記」を眺めてみてほしい……33
●カラオケでも語彙は増える……35
●流行語を使うのもアナウンサーの勉強のひとつ……38
●ときには「昔の古い言葉」にも目を向ける……40

2章　不快な敬語と正しい敬語……43
●日本語の敬語はほんとにむずかしい……44
●会話のTPOを学ぶ機会が減っている……47
●気をつかいすぎて過剰になる敬語……49
●「させていただく」に感じる違和感……52
●メディアが使う敬語……57
●不愉快な「患者様」……62
●「先生」をつければいいってもんじゃない……63

3章　「主人」と「つれあい」……69
●私が「主人」を使わない理由……70
●「主人」と「夫婦別姓」……74
●私はあなたの『おかあさん』じゃない……78
●「老衰」では死にたくない……80

4章 政治家の言葉、官僚の言葉……85
●政治家の言葉が貧しい……86
●「してございます」はやめてくれ……88
●競輪の仕事で知った「官僚語」の本質……89
●どうにでも解釈できるように書くのが官僚の仕事……92
●原発事故の「東大話法」と「大本営発表」……95
●「立場」がないと不安な日本人……97
●「立場」と「肩書」に縛られたい……99
●「肩書なし」ほど自由なものはない……101
●「私」のない言葉に慣れてはいけない……104
●お詫びになっていない不誠実な謝罪の言葉……107
●責任回避のためのまやかし語……110
●断言を避けるための「かな」が多すぎる……112
5章 危険な「絆」……119

●世の中にあふれる「絆」……120
●孤独を恐れ、絆をほしがる理由……122
●「絆」は「しがらみ」でもある……124
●孤独とは束縛のない自由のこと……127
●「国に決めてほしい」という危険な希望……128

6章 アナウンサーの言葉と生きた言葉……133

●私は標準語と大阪弁のバイリンガル……134
●いつの間にか「ラジオみたい」になった話し方……137
●NHKでの唯一の「役得」……140
●ニュース原稿はすべてAIに読ませなさい……142
●山田太一さんの言語感覚……144
●「毎日10秒の挨拶原稿」で自分を変えた……148
●能登半島地震で驚いたアナウンサーの言葉の力……152

7章　言葉の「自主規制」で失われるもの……157

●過剰になりがちな「言い換え」……158
●「ポリコレ」「コンプライアンス」と自主規制……160
●アメリカで「メリークリスマス」が減った……162
●「津波の映像」の注意書き……164
●「このドラマはフィクションです」の起源……167
●モザイクだらけになったテレビ画面……171
●「スポンサーへの配慮」もほとんどが自主規制……173
●「不快な映像」とはどういうものか……177
●皇室関連のメディア用語……180
●昭和の終わりの不思議な「自粛」……182
●言い訳がましい「命をいただく」……185
●使いすぎで劣化する「やさしい」……188

1章

新しい言葉も、古い言葉も楽しい

●私は流行語が大好き

「言葉について本を出しませんか」と提案されたのは昨年のことでした。

毎日読み、話し、テレビからも聞こえてくる日本語。ずっと言葉と関わる仕事をしてきましたから、確かに思うところはたくさんあります。

「へええ、最近はこんな言い方をするのね」

「これ、どういう意味なんだろう?」

そう思って調べて「なるほどねえ」「この言葉は面白いわ」と思うこともあれば、「これは嫌だなあ」と思うこともあります。「なんなの、この言い方!」「あー、やだやだ」などとついテレビの画面に文句を言ってしまうことも。

私自身はまったく模範的な言葉の話し手でもなければ、書き手でもありません。

自分が書く言葉、日常の会話で使う言葉には、私なりのこだわりを持って選んでいるつもりですが、「文法的に間違いがなく」「アクセント、イントネーションは標準語」「正しく美しい日本語を！」など、思ったこともない。

もともとＮＨＫのアナウンサーだったころから、私は普段の言葉使いが相当乱暴で、1年先輩で仲良しだった野際陽子さんとおしゃべりをしているときの言葉など、とても当時の上司に聞かせられるようなものではありませんでした。

今の言葉でたとえたら「うそー、あの人ダサすぎない？」「ダサいどころかヤバイわよ」「だよねー、マジで引くわ」みたいな感じかしらね。仕事で納得のいかないことを言われたあとなどは「今に見てろ、あのヤロー」なんて言っていたものです。

ＮＨＫのアナウンサーといったところで、素に戻れば普通の20代の小娘ですから、もちろん流行語も使うし、大人たちが眉をひそめがちな若者用語も使いました。それは、今でもあまり変わっていません。

つぎつぎ出てくるカタカナのビジネス用語やらＩＴ用語のようなものになるとさすがに意味不明なものが多くて自分で使うことはありませんが、言葉は生きもの。どんどん登場しては消えていく10～20代の子たちが使う言葉は「かわいい」や「ヤバイ」に限らず、使いこなせませんが、面白いなあ、と思って楽しんでいます。

●言葉遊び、ダジャレ文化は不滅

意外に笑えたのが、少し前に流行ったとかいう「生類わかりみの令」とか「どうしよ平八郎の乱」。なんじゃそりゃ、と思いましたが、「わかった！」「了解！」の代わりが「生類わかりみの令」で、「困った！」「どうしよう」が「どうしよ平八郎の乱」なのだそうです。

「山手線事故で遅れて動かない！　きょう面接なのにどうしよ平八郎の乱」みたいに使うんですって。ふざけたダジャレでもかなり深刻な状況はわかるし、困っているようすだけど少し余裕も感じられて、とても面白い。大ピンチの状況になってもなおダジャレをかますことを忘れない根性は尊敬に値するとも言えます。

こういうのは「けっこう毛だらけ猫灰だらけ」と同じようなもので、昔からいくらでもありました。

ダジャレ満載のテキ屋の口上はプロフェッショナルによる傑作ですが、「布団がふっとんだ」「ラクダに乗るとラクだ」「そんなバナナ」みたいなものも、周りにあふれています。

ダジャレというとオヤジ世代の専売特許のようで、周囲の人からは「ウザい」と聞き流されるのが常ですが、それでもめげずに連発する人は、それなりに愛されているものです。

もともとダジャレのような「言葉遊び」は、言葉を使った娯楽の文化のひとつです。落語や講談もそう。『笑点』でおなじみの、「○○とかけて○○と解く。その心は？」という「謎かけ」も伝統的な言葉遊びのひとつです。

「拙者親方と申すはお立会の中に御存じのお方もござりましょうが、お江戸を発って二十里上方～」という早口言葉「外郎《ういろう》売り」の一節、アナウンサー時代に暗記していました。今も一部は覚えています。

ゴロ合わせもそう、早口言葉も、回文もそう。立川談志さんが亡くなったとき、複数の新聞や雑誌が「談志が死んだ」という見出しで訃報を伝えました。これは談志さんが生前から「見出しはこれにしてくれ」と言っていたからだそうです。上から読んでも下から読んでも「だんしがしんだ」。素晴らしい回文です。談志さんとは、生前銀座のクラブ「美弥」などでよく飲み、仲良くさせていただいていました。

早口言葉も、アナウンサーは訓練としてやらされましたけれど、遊びでやればすごく楽しいものです。昔からあるのは「生麦生米生卵」「すもももももももものうち」「赤巻紙青巻紙黄巻紙」「東京特許許可局の局長さん」「竹垣に竹立てかけた」などですが、最近は新しいのもたくさんあるそうです。

「新進歌手総出演新春シャンソンショー」「バスガス爆発」「赤坂サカスでサーカス」「買った肩たたき機は高かった」「打者、走者、勝者、走者一掃」もなかなか面白い。

固有名詞の「きゃりーぱみゅぱみゅ」「駒大苫小牧」「若隆景」もそれだけで相当言

いにくいですね。

言葉のリズムや語感を楽しむことをもっともっと大事にしてほしいなと思います。昔は日本史の逸話も学校ではなくて講談なんかで覚えたものです。

私は今でも明智光秀の「本能寺の変」が「天正10年6月2日に起きた」と覚えているのですが、これは日本史の授業で習ったわけではなくて、子どものころ、ねえやが読んでくれた講談の冒頭「時は天正10年6月2日、明智光秀は……」で覚えました。それをさらにラジオで聞いて忘れがたく、今でも覚えているのでしょう。威勢のよいリズミカルな張り扇の音とともに、立板に水の語りが今も蘇ってきます。子どものころ家にお客様があると、たまに一席うかがうのが楽しみでした。

若い人が好きなラップの歌詞も言葉遊びの典型です。いろいろ工夫して韻を踏み、面白いリズムをつくろうとしている。

さまざまな言葉遊びによって日本語はいきいきと豊かになるし、語感も磨かれていきます。もちろん古今東西のいろいろな本を読むことも大事だけれど、生活のなかで子どものころから自然に言葉を楽しむことは、とても大事なことと思います。

●楽しい「DAI語」

MKS、DD、JSSK、GGDDといった「DAI語」を生み出したのはDAIGOさんですが、彼のセンスも面白い。

普通、こうしたアルファベットの略語といえば、GNPとかNATOとか、めんどくさい英語の頭文字を取ったものですが、DAIGOさんのは

MKS＝負ける気がしない
DD＝努力大事
JSSK＝上昇志向
GGDD＝言語道断

しかもこれらは、「これを覚えてみんなで使いましょう」というようなものではなく、彼自身がなんらかのコメントを求められたときなどに「それはGGDDですね」と応じ、「それはなんの略だろう?」と、聞いている人がちょっと考えたあとで「言語道断」と「答え」を明かす、という形で使われます。ミュージシャンとしてもタレントとしても活躍されている方ですが、センスがいいなと思います。しかもなにより明るいユーモアがあります。

一見、誰でも真似できそうなものですが、彼にはかないません。

試しに私が「DAIGOさんにはDK」（誰もかなわない）なんて、つくってみても、やっぱりZZDです。です。あ、これは「全然ダメ」の略ね。

以前、ネットなどで「マジTBS」というのが使われていると聞いて、「いったいなんだろ?」と思ったら「マジ、テンション爆下がり」でした。

●「マジでヤバイ」が一番ぴったりするときもある

言葉は生き物ですから、つぎつぎに生まれ、変化し、消えていくものもあります。非常に短命なものもあれば、最初は「誤用」とされたものがやがて「間違いではない」とされたものもある。だからこそ、『広辞苑』はじめ多くの辞書はたいへんな手間をかけて、常に新しい言葉を採集し続けながら、改訂作業を進めています。

登場した当初は「マジ」「超〜」「ヤバイ」といった言葉を「批判」する大人は多かったものです。たぶん今もいるでしょうね。

けれど、こうした言葉のいくつかは、とっくに私自身の生活の中にも入ってきています。自分で「今年は超暑いわー」なんて平気で言いますし、誰かが大谷翔平の活躍ぶりを指して、「あれはマジで、ヤバイです!」なんて言っても、別に違和感も覚えません。

あえてもともとの「やばい」の意味を調べてみると、テキ屋(香具師)、泥棒などが使っていた言葉で、都合が悪いこと、危ないことなどを「やばい」と言っていたようです。語源ははっきりはわかっていないものの、牢屋を意味する「厄場」（やくば）、「野馬」（危険な馬）などが元になったとされています。

いずれにせよ、良い意味で使われていたものではなく、「危険」「公序良俗に反する」といったネガティブな言葉で、けっして褒め言葉に使われるような言葉ではなかったことは確かです。

それがいつしか、世界の大谷翔平を形容する言葉になっていた、というのは興味深い「進化」です。おそらく「人知が及ばない」「自分の常識でははかれない」「危険なくらいにすごい」というように、もともと「やばい」が持っていた「危険要素」さえ含むほどに「素晴らしい」という表現になったのではないでしょうか。

「このケーキ、ヤバッ！」は、「自分の経験、感覚では追いつかないくらいの味」という、一種の「危険」が含まれているくらいに「美味しい」ということなのですね。

ヤバイが「いい意味」で使われるようになってから、もう20年近いといいます。当時、大多数の人は「なぜケーキがヤバイんだろう？？」「なにかほんとうにアブナイ成分が入っているのか？」と感じたものですが、もうそんな疑問を持つ人はいないでしょう。今どき「おいしいものをヤバイとは何ごとだ。日本語の乱れが嘆かわしい」などと言っている人がいたら、「もっと日本語を楽しんだら？」と言ってあげたい気がします。

そもそも若い人だって、「ヤバイ」が「良くない」という意味を持つこともわかったうえで使い分けています。「このシュークリームヤバイ」「大谷ヤバイ」と言いながら、同時にちゃんと「ヤバイ、遅刻しそう」「期末テストで20点はヤバイ」とも言っているのですから。

別に「その用法は間違いだ」などと目くじらを立てる必要もありません。

●語彙が少なすぎるのは「ヤバイ」です

新しい言葉の登場、流行、消滅は当然のことですが、やはりひとつの懸念のようなものは感じます。

大きく言って問題点は「語彙力」と「ＴＰＯ」です。

まず語彙力なのですが、若い人に限りませんが、日本人の語彙力は一般的にかなり乏しくなっているのではないでしょうか。やはり語彙力が少なすぎるのは「ヤバイ」。これはもちろん良い意味ではありません。

最近知り合いの編集者がこんな本を教えてくれました。タイトルは『「好き」を言語化する技術――推しの素晴らしさを語りたいのに「やばい！」しかでてこない』（三宅香帆／ディスカバー携書）。

「推し」というのは、要するに「大好きで、応援している人」のことです。俳優でもアイドルでもスポーツ選手でもアニメでも、とにかく「好きで好きでたまらない対象が「推し」。

この「推し」がどれほど素晴らしいのか、どこがどう素晴らしいのか、自分がどれほど好きなのか、それを他のファンとともに語り合いたい、知らない人には教えてあげたい、「推し」のためにも、ファンをもっと増やしてあげたい！ と思うのは、昔から変わらないファン心理です。

ただ最近は、その「熱い思い」を吐露する場面が昔とはまったく違います。昭和のころだったら、誰かのファンになれば、コンサートや試合などに行き、レコードやCD、掲載された雑誌やポスターを買い集めて、さらにファンクラブに入るとか、ファンレターを出す、サイン会に行く、などがせいぜいでした。

でも少したつと、いわゆる「グッズ」をたくさん買う、という応援方法も出てきました。でも、このあたりまでは、まだファンが「推しについて他人に語る」という場面はまだ少なかったように思います。せいぜい「ファンの会報誌」に投稿するくらいでしょうか？

けれど現在はSNSの時代です。ブログが一般的になり、さらに手軽なFacebook、X（旧twitter）、Instagram、TikTokにYouTubeなど、思いついたらすぐに、自分の気持を不特定多数の人に向けて公開することができるようになりました。私はせいぜい連絡用にLINEを使うくらいですが、それでも「これが面白いよ」と教えてもらったものを見ることはあります。

動画でも写真でも文章でも、誰でもすぐに自分の言葉を伝えられるのですからすごい時代になったものです。テレビの中継と同じことが手元のスマートフォンでできるし、雑誌の連載と同じことがネットでできるし、費用もかかりません。

たまにネットを見るだけの私でも、その情報量の多さにはびっくりします。

こんな時代に「推し」を応援したい人にとって、その「主戦場」はやっぱりネットになるのでしょう。SNSに投稿するとなれば、やはり読む人の心に届く言葉で書きたい、自分の熱い熱い気持ちをわかってほしい、同じ気持ちの人に共感してほしい、と思うのは当然です。

「私こそが一番のファン」という気持ちを伝え、多くの人が「そのとおり！」「よくそこに気がついてくれた」と感じてくれて、もしかしたらその投稿を「推し」本人が見てくれることもあるかもしれない、という期待もあるでしょう。これで力が入らないはずはありません。

それほど熱い思いを持っているのに、いざ書こうとしても「ヤバイ」とか「尊《とうと》い」しか言葉が出てこないとなったら、もどかしいやら、くやしいやら、なさけないやら、その悲しさはいかばかりでしょう。

（ちなみに「尊い」というのもよく使われる言葉で、こちらは、文字通り「神様並み」「思わず拝みたくなる」「信者になりたい」というくらいの褒め言葉で、私は最近知りました。「神《かみ》ってる」はもちろん「神様級」ということ）

それに答える形で書かれた本が『「好き」を言語化する技術』で、著者のアドバイスは「語彙を増やせ」というよりも、自分自身の気持ち、感想を言語化するための小さな「コツ」をつかもう、ということでした。

ＳＮＳ向きの文章術、というようなアドバイスは私にはとてもできません。雑誌や書籍などとはだいぶ違うだろうし、比較的短いものをタイミングよく投稿する必要もあるのだろうと思いますから。それでも、やはりあるていどの「語彙力」というのは、「推し」を応援したい人も身につけたほうがいいだろう、と思います。

●「食レポ」の貧困

テレビで感じることですが、最近非常に多い、いわゆる「食レポ」も、あまりにも言葉が貧しい。

確かに食べ物の味を言葉で表現するのは簡単なことではありません。

映像があるテレビの場合、まず料理の映像が見せられる分、言葉はそれを補うものになります。たとえば食べる人が優れた俳優さんだったり、俳優ではなくとも人間的に魅力のある人だったら、「うまいねえ」というタモリさんのビールのＣＦなど、たった一言でも、表情やしぐさも含めて、そのおいしさは伝わる。見る人は「おいしそうに食べてるなあ、食べてみたいなあ」と感じます。
どんどん増えるグルメ番組、短時間でいくつも紹介しようとすれば、てっとり早くリポーターがこの「食レポ」をするしかないのでしょう。ときにはアナウンサーや記者、レポーターが、多くの場合はタレントや芸人たちが担当しています。

「外はカリカリ、中はしっとり」
「肉汁が口のなかにあふれます」
「生地がもちもちです」
「肉の脂が甘い」
「エビがぷりぷり」
「旨味が口いっぱいに広がります」

というおなじみのアレですが、ここに並べた言葉、ずっとテレビを見ていたとしたら、1日に何十回繰り返されているでしょうか。

中には、ずいぶん考えたのだろうな、という言葉もあります。

本来芸人さんというのは「言葉の専門家」でもあるはずです。お笑いの世界のことはよく知りませんけれど、彼らの多くはよく勉強して言葉を選んでいるし、苦労して言葉を探している。一時期TBS系列の爆笑問題の番組でお笑い芸人さんたちとご一緒したことがありますが、その真剣さ、笑いを取ることの大変さをそばで見ていると、ヒリヒリするほど緊張しました。**とくに太田光さんは実に深くよく考えていて、感心したのを今も覚えています。**

太田さんの「食レポ」というのは見たことがありませんが、きっときびしいことも平気で言って面白いでしょうね。

日本人はとても繊細な味覚を持っていると思います。家庭料理も同じものが続かないように工夫するし、どんな店に入っても料理のクオリティは高い。市販のお弁当やお惣菜もよくできています。

しかも、ドラマや映画、マンガなどにも「食」を扱った名作はたくさんあります。マンガで有名なのは『美味しんぼ』、ドラマになった『孤独のグルメ』もある。どれも「味」を伝えるために、多くの工夫をしているし、独自の言葉を探そうとしていると思います。

それなのに、テレビの食レポとなると、なぜ表現が貧しくなってしまうのか、ちょっと不思議です。

見る側が食レポの表現なんかたいして気にしていないせいもあるのでしょう。「熱い」とか「辛い」とかいう大げさな反応を楽しんでいるだけかもしれない。

でもたまには、「ああ、なるほど、そういう食感なのか」「そういう味なんだな」ということがわかるような、魅力的な表現を聞いてみたいものです。

●「歳時記」を眺めてみてほしい

せっかく自分の中に「表現したいもの」があって、しかも手軽な発表の場があるのですから、思いのたけを多くの人に届けたくなるのは当然です。

これは別に若い人や「推し」を応援したい人に限りません。私は長年、NHK文化センターでエッセイの講座を持っています。月に1回、テーマを設定して受講者にエッセイを書いてもらって、お互いに講評するというものです。テーマは例えば「誕生日」といった具体的なものから、「憂うつ」のように心情的なものまで。どう解釈してもかまわないし、その人の個性が出る文章ならばそれでいいのです。

この講座でも、私は「語彙」については、「いろいろな機会を捉えて増やしてね」と勧めています。

語彙を増やすというのは、別に普段まったく使うことのない難しい言葉を覚えなさい、という意味ではありません。別に課題のテーマに限らず、自分が気になっているテーマについて書かれた小説、エッセイ、詩歌などを読んでみることを勧めています。普段使わない、知らない言葉を知りたい、という場合には「歳時記」もいいと思います。

私も俳句を楽しんでいますが、「歳時記」は手放せませんし、春には春の季語を、冬には冬の季語を眺め、「例句」として挙げられているものをいくつか読んで味わっています。すぐに俳句や通常の文章に使うことはできなくても、「こういう表現があるのか」と毎回新しい発見もありますし、それだけで季節を楽しむ気持ちになれます。

俳句をつくらなくても、「歳時記」はふだん気づかない季節を思い起こさせてくれます。中には「ブランコ」が春の季語だったり、すぐには理由がわからないようなものもありますが、それも含めて楽しめると思います。ちなみに、古代中国で冬至から105日目の「寒食節」に女性たちがブランコ遊びをしたことから、「ブランコ」は春の季語とされているのだそうですよ。

●カラオケでも語彙は増える

俳句に限らず、最近のミュージシャンも季節に合わせた曲を発表することが少なくありません。冬の歌、夏の歌、クリスマス限定の歌などさまざまなものがあると思いますが、好きなミュージシャンたちが、それぞれの季節を表現するためにどんな言葉を選んでいるのか、あらためて味わってみるといいのではないでしょうか。歌謡曲でも演歌でもロックでも、ヒップホップやラップと言われるストリートミュージックでも、すぐれた歌詞はいくらでもあります。ただ漫然と聴き流すだけではなく、作詞家がどんな言葉を選んでいるのかを知ることも、「言葉の倉庫」を豊かにすることにつながるでしょう。

素晴らしい言葉を知り、その良さを理解することが自分自身の表現力につながります。「好きな言葉」を自分の中に集め、「好き」と思う理由をちゃんと理解することが、その言葉を自分のものにする、ということです。

名歌手たちの歌を聞けばそれはよくわかります。亡くなった美空ひばりさんや八代亜紀さん、引退したちあきなおみさんなどの歌を聞けば、どれほど言葉を深く理解し、自分自身のものにしているかが伝わってきます。自分自身で作詞したものではなくても、ひとつずつの言葉を自分のものにして自分の生き方として伝えること、それが「表現」というものです。三波春夫さん、三橋美智也さん、五木ひろしさん、森進一さんといった歌手たちの歌も同様です。

阿久悠さん、なかにし礼さんといった作詞家たちの言葉も、もっともっと評価されていい。親しかった永六輔さんの歌詞はわかりやすくて、何気ない表現で、胸に響きます。

だから「この表現素敵だな」「いいな」「かっこいい！」と気に入ったものを、たくさん見つけてください。見つけたら、できれば小さな手帳の片隅にでもメモしておくといいと思います。スケジュール帳でもなんでもいい。「今日見つけた素敵な言葉」が増えていくのはそれだけで楽しいことです。

優れた「言葉」に触れていくうち、あるとき「自分の気持ち」を表現しようとしたとき、倉庫の中からぴったりする言葉が、いくつも飛び出してきてくれるようになります。使いこなすコツは「すぐに使ってみること」。日記に書くだけでもいいし、おしゃべりの中で使っても、SNSの投稿に使ってもいい。

少し意識すれば、カラオケを楽しみながらでも語彙はどんどん増えるのです。

語彙はそうした日常のなかで、自然に豊かになっていきます。

「ヤバイ」以上にぴったりくる褒め言葉は、いくらでも見つかるはずです。

昔、友だちとこんな遊びをしたものです。暑い夏のさなかに、「『暑い』と言ったら罰金100円」というルール。「蒸し暑い」ももちろん禁止。でもとにかく暑いので、なにか言いたい。みんなでこぞって「暑い」以外の言葉を探しました。「汗が止まらない」とか「蒸し風呂に入っているみたい」「皮膚が焦げそう」「紫外線が強烈でシミができそう」「裸になりたい」「すぐ海に飛び込みたい」「北海道に行きたい」「北欧に移住したい」とだんだんわけがわからなくなるのですが、なんとか「暑い」以外の言葉をひねり出そうするうち、面白い表現が飛び出してきます。

語彙力というのは単語帳を作って辞書や歳時記の単語を暗記するものではなくて、自分自身の気持ちにぴったりくる言葉を見つける力のこと。その人の感性が試されているのです。

●流行語を使うのもアナウンサーの勉強のひとつ

語彙力とともに、もうひとつ非常に大切なのは「TPO」です。服選びも言葉選びも同じこと。

先ほども書いた通り、私はかつてアナウンサーという「正しい日本語の使い手の代表」（ホントは違いますが）のような仕事をしていたころも、仕事以外の場所でのおしゃべりは相当に雑でした。私の普段のおしゃべりを、当時の上司が聞いていたら「NHKのアナウンサーにあるまじき日本語である」とお説教間違いなしだったでしょう。転勤先の名古屋局で1年間いっしょに過ごした野際陽子さんと私の会話なんて、ヒドいものでした。上司ではなくても、テレビで私たちの顔を知っている人が見たら、「きれいにおしゃれして、すましてテレビに出ている人たちがこんなしゃべり方するの?」と唖然としたと思います。

アナウンサーは日本語のスペシャリストなのだから、流行語だって使いこなすべきだと思っていましたから、むしろ積極的に使いました。

ただ、大目玉を食らうことなく仕事を続けられたのは、まさにＴＰＯを失敗しなかったからです。要するに「使い分け」さえできればまったく問題ないということ。目上の人と話す場合には敬語を使い、ニュースを読む場合は内容が伝わるように、うるさそうな上司が近くにいるときは流行語なんか使わずに、すまして話す。

当時のアナウンサー仲間はみんなそうしていました。

アナウンサーの言葉と日常の言葉はまったく違うので、そのギャップが普通より大きくなりますが、言葉のＴＰＯが大事なのはアナウンサーも同じです。

●ときには「昔の古い言葉」にも目を向ける

言葉について考えることというのは、人間について考えることと同じです。言葉は人間がつくったものですが、同時に言葉が人間をつくるからです。

流行語は生まれては消えていきますが、流行語ではなく昔から使われてきた美しい言葉なのに、もう最近ではほとんど使われなくなってしまった言葉が多いことは残念でなりません。

たとえば「﨟長《ろうた》ける」という言葉があります。

「﨟長けた美人」と言ったら、気品があって洗練されて美しい女性のことです。でも「﨟長ける」なんていう言葉、長年聞いたこともありません。文章でも目にすることがない。

なぜ、この言葉が日本人の生活の中から消えてしまったのだろう、と考えたのですが、これは結局のところ「﨟長けた美人」というものが、もういなくなってしまったからなのでしょう。「﨟長けた美人」といって私が思い出すのは、たとえば恋に生きた歌人としても知られる柳原白蓮、歌人でもあり京都女子大学の設立にも力を尽くした九条武子といった女性。どちらも大正時代の人だから、知らない人が多いでしょうが、ふたりとも教養に裏打ちされた凛とした強さを持ち、ほんとうの品を備えた女性でした。

彼女たちが生きた大正が過ぎ、激動の昭和を経て、日本の女性たちは強くたくましくなって、彼女たちが望んだとおり女性の社会進出も進みました。けれど、彼女たちのような美しさをもった女性はいなくなってしまったようです。

美人の定義は時代によって変わるでしょうが、言葉もまた、よくも悪くも、時代によって変わります。言葉と現実はいつもリンクしているものです。

ほとんど使われなくなってしまった「﨟長けた」を復活させようとしたところで、「﨟長けた美人」がいない今、言葉だけ流行らせても意味はありません。けれど、「﨟長けた美人」という言葉を知り、どんな人のことを指すのだろうと学び、彼女たちの

「美しさ」を発見することはできます。

そして、「臈長けた美しさ」は日本女性が本来持つ美しさであることを、あらためて知ることができるでしょう。

日本語を大事にするということは、日本人を大事にすることです。

ときにはかつて使われていた「美しい日本語」に目を向けてみてはどうでしょう。

意外に古い言葉のなかに、自分の気持にぴったりしたりするものが見つかるかもしれません。

2章　不快な敬語と正しい敬語

●日本語の敬語はほんとにむずかしい

ＴＰＯによる使い分けのひとつの例が「敬語」なのですが、日本語の敬語というのはご存知の通りかなりややこしいものです。尊敬語、謙譲語、丁寧語がこんなにたくさんある言語なんて、たぶんほかにないんじゃないかしら。外国人が日本語を学ぶとき、この「敬語」にはほんとうに苦労するといいます。

こうした言葉を私たち日本人は生活の中で自然と身につけてきました。「敬語の教科書」なんて見たこともありませんし、特別な授業を受けたわけではありません。

ほとんどの場合、最初は家庭内の会話から「敬語」も知ったはずです。敬語に限らず、まず親の言葉を聞いて覚えます。親が自分に話しかける言葉だけではなく、父母同士の会話、母と義父母との会話、電話での友だちの会話も耳に入ってきて、だんだんに覚えます。電話の、

「はいもしもし、◯◯でございます」

「どちらさまでしょうか」

「ただいま留守をしております」

「承知いたしました」

「戻り次第、こちらから折り返し電話するように申し伝えます」

といった、相当にややこしい言い回しも自然に覚えてしまいます。

ただ、最近は家庭に「固定電話」がほぼないか、あっても日常的に通話をするものではなくなってきています。一応あってもいたずら電話対策に常に「留守電モード」で、普段の通話は親も子もスマートフォンというのが、もはや当たり前です。

家庭内で大人同士の会話を子供が聞いている、というシチュエーションはもう「消えた風景」になってしまったようです。

また親と外出したときにも、親がほかの大人と話している会話を聞くことで、子どもたちはいろいろな言い回しを知ることになります。

「ごぶさたしています。久しぶりですね。お元気ですか?」
「先日はお世話になりました」
「お母さんのおかげんはいかがですか」

こうした日常の会話です。

また子どもが他の友だちや、友だちのお母さんと話している場面などでは、「友だちにそんなに乱暴な言い方をしてはだめ」とか、「お隣のおばさんにも、ちゃんと丁寧なことばで話しなさい、お友だちと話すのとは違うのよ」などとあれこれ言われて、少しずつ言葉づかいは身につくものです。

そして学校に上がれば、まず友だち同士の会話が一番楽しいものだけれど、先生と話すときはそれと同じではいけない、ということも理解するようになります。最近は、先生のほうが生徒と「友だち感覚」で話す場合も増えているようで、「先生には敬語」という形もだいぶ崩れてきているようですが、少なくとも「公式にはこういう話し方をすべきだ」ということは、理解できるはずです。私たちのころも、やさしくてフレンドリーな先生には「ねえ先生、きょうは宿題なしにして！」なんて言うこともあったと思いますが、コワい先生、校長先生が相手となれば、やっぱり子どもなりに使い分けて「はい、わかりました」と神妙に返事をしていたものです。

●会話のＴＰＯを学ぶ機会が減っている

つぎに学ぶ機会は職場でしょう。さきほどの「電話での会話のマナー」は、今は社会人になってはじめて知ることになるのだと思います。そこで「承知しました」とか、「申し伝えます」とか、あるいは社内の人間について話すときは上司であっても「さん」をつけない、などを知る。けれど最近は会社勤めをするようになっても、ほとんどの連絡が電話よりもメールやＬＩＮＥということが多くなっています。もはや電話での会話は「ビジネスマナー」の本でも読まないと知ることはできなくなっているのかもしれません。

この傾向はやはりコロナ禍以降、リモートワークが多くなったことでますます進行したのだと思いますが、電話の「通話」さえもどんどん減っています。メールやＬＩＮＥでの連絡がどんどん増えて、さらに画面で顔を見ながらのビデオ通話、ビデオ会議も増えていますから、仕事の話でも、直接顔を合わせての会話の機会というのは昔に比べたら、かなり減っているでしょう。私も、仕事の「連絡事項」は緊急な用件以外はＬＩＮＥで受けとることが増えています。次回の取材の約束や締切日の連絡などは、実際ＬＩＮＥのほうが、好きなときに見ればいいし、メモをとる必要もないので、確かに便利です。

メールの普及によって「手紙」「はがき」を書く機会が減った、とよく言われますが、最近は手紙どころか、会話そのものが減ってしまったように思います。

機会が減ると、いきなり取引先と電話で会話をする、初対面で会話することは緊張をともないます。どうすれば失礼のないように、相手を怒らせないようにすればいいのかよくわからないとなれば、それは不安です。結局「メールにしよう」ということになってしまうでしょう。ひと昔まえ、あるいは業種によっては今でもそうかもしれませんが「いきなりメールというのは相手に失礼だ」と言われることもありました。

こういう意識も、今やほとんど薄れてきているように思います。

●気を使いすぎて過剰になる敬語

「言葉の使い分け」「ＴＰＯ」さえわきまえていれば、友人たちとの会話や、ＳＮＳでのおしゃべりが、どんなに雑だろうが「内輪にしかわからない言葉だらけ」だろうが、私はまったくかまわないと思うのです。

ただ、その「使い分け」のルールを自然に知る機会が、どんどん減ってきていることは、問題です。

家庭や学校で知っておくべき、いわば「公式ルール」を学ぶより早く、別のルールのようなものをSNSで先に、しかも大量に知ってしまうことは、日常の「リアル」なコミュニケーションがうまくいかない原因にもなっているように感じます。

たとえば敬語の使い方などを自然に覚えていない場合、「相手に失礼にならないように」と思うあまり、過度の敬語や謙譲語を大量に散りばめてしまって、かえって相手が不愉快になる、ムッとする、ということもあります。慇懃無礼を通り越して、バカにしているのか、と思われたり、やたら敬語を並べたてただけで真意も誠意も見えない、というようなことになる。

「使い分け」をしているつもりが、それが過剰になって本来の目的である「相手への敬意」がまったく伝わらない、逆に相手の怒りを買う場合すらあります。

不思議な「敬語」のようなものも増えています。

最近知り合いの編集者が、「変な敬語のようなものが満載の注意書き」の写真を撮ってきてくれました。

あるカフェチェーンの店内に貼ってあったものだそうです。

「ご注意　客席でのネットワークビジネス等の活動、勧誘行為を禁止させていただいております。発見した場合はお声かけさせていただき退店もしくは出入り禁止とさせていただきます」

最初意味がよくわからなかったのですが、要は怪しいビジネスの勧誘に客席を使うな、ということのようですが、「禁止させていただいております」「お声かけさせていただき」「出入り禁止とさせていただきます」と、「させていただき」が3連発。

それぞれ「禁止します」「声をかける」「出入り禁止とします」を、とにかく丁寧に、下手に出て、相手がいきなり怒らないように、といった「配慮」らしきものを重ねた結果こういうことになったのでしょうが。

●「させていただく」に感じる違和感

敬語に関連して、**「させていただく」**という表現があるのですが、これ、実は非常に古くから使われていて、そのたびに「違和感がある」「誤用だ」という議論がありながら、長年使い続けられている言い回しなのだそうです。

放送文化研究所のレポート「放送研究と調査」（2016年9月）も、「させていただく」に言及しており、レポートのタイトルは「〝させていただきます〟について書かせていただきます」でした。

それによると、「させていただく」は、100年以上前から新聞でも使われており、すでに大正期、数多く記事内に見られるのだそうです。永井荷風は昭和9年に、銀座の喫茶店の店頭の「閉店させていただきます」の張り紙があったことを記していて、それに違和感を感じていたようです。

「させていただく問題」に言及した記事、研究はたいへん多いそうでその説は実にさまざま。「値上げをさせていただきます」は客に迷惑をかけるのだから許容範囲、「値引きさせていただきます」は不適切用法であるとか、そもそも「させていただく」という言い回しは関西弁の影響が入っており、東京山の手には先に広まったが下町には流入が遅く、そのため下町出身の人はこれに違和感を覚える、などなど。さらに2010年の「みんなでニホンGO！」（NHK）では、「日本語教師に取材した「気になる〝させていただく〟の例」として、「お訴えさせていただきます」（選挙演説時）、「感動させていただきました」「結婚させていただきます」をあげています。

この調査はなかなか面白いものでした。使う場面によって、また地域や世代によって、「違和感」の感じ方には差があるということです。

私は「ではそのようにします」というキリッとした言い方が好きで、「させていただく」は好きではないのですが、レポートのなかにもあった「お訴えさせていただきます」「感動させていただきました」は、過剰ですね。「結婚させていただきました」なんて言い方は、別にそんなにへりくだらなくていいんじゃないの、と感じます。いったい誰になにを遠慮してんの、という感じです。

最近テレビである俳優が自己紹介で、「3年前にデビューさせていただき、俳優という形でやらさせていただいております」と言っていました。これも「3年前デビューし、俳優として活動しています」くらいでいいのではないかと思います。

ここまでくると、丁寧で礼儀正しいと感じるよりも「デビューはすべて事務所のおかげで、さらにまだ俳優と名乗るのはおこがましい、名乗ってごめんなさい、というくらいに自信がないのかなあ」という印象しか残りません。

テレビで取材を受けたある店の店主がインタビューに応じるなかで「こちらの店の責任者のほうをやらせていただいております」と話すのも聞きましたが、この言い回しはほかでもよく使われています。ここでもうひとつ気になるのは、「〜のほう」という言い方です。これは、もしかしたら飲食店やコンビニ、ファストフードなどの「マニュアル用語」なのでしょうか。

「ご注文のほう繰り返させていただきます」
「こちらのほうでよろしかったでしょうか」

いまさらこれに文句を言ったところで仕方のないことかもしれませんが、それが「正しい敬語」とは思わないでほしいものです。

というよりも、「なんとなく変だなあ」という「違和感」を大切にし、違和感を覚えたら「ではどう言えばいいだろう」と考えてみてほしいと思います。

敬語というものは、尊敬語も、謙譲語も、丁寧語も、使い慣れないと、日本人にも難しいものです。これは若い人に限りません。

戦後、教育現場もだんだんかつての高圧的すぎる指導をあらためようということもあって、生徒と対等に接するようになっていったわけですが、その過程で「敬語」もだんだん使われなくなったのでしょう。友だち同士のように教師と生徒が会話していることもめずらしくありません。

理不尽なくらい上下関係にきびしいと言われる高校、大学などの運動部でさえ、過度な敬語は使わなくてもよくなりつつあると言います。もっとも運動部の「敬語」というのは、理解不能なくらい特殊なものも多いらしいですが。

日本があいかわずの「立場社会」であることは変わらないものの、上下関係というのは、あいまいなもの、あまりよくないもの、と考えられるようになりつつあるようです。

それにともなって、尊敬語や謙譲語、丁寧語を厳密に使い分ける必要が薄れてきたのかもしれません。

ただ、同時に、企業が「コンプライアンス」を非常に気にするようになるにつれて、逆に「無駄な丁寧語」「過度な謙譲語・尊敬語」が増えつづけているような気がします。

ここまで不思議な敬語が増えてしまった理由は、社会状況や、家庭、教育現場、職場環境の変化があることは確かですが、もうひとつはやはりメディアの影響が大きいと思います。

●メディアが使う敬語

メディアで使われる「敬語らしきもの」が、かなりめちゃくちゃで、明らかな「間違い」も多いので、もうちょっとなんとかしてほしいと思わざるを得ません。私は何度もアナウンサーが話す標準語が「日本語のお手本だとは思わない」「好きじゃない」と記しましたが、やはり明らかな誤用、不愉快な言い回しはするべきではないと思います。もちろん新聞や雑誌の原稿もそうです。

テレビ番組も、新聞でも、場合によって「あえて流行語を使う」ことはむしろ賛成ですが、通常のニュース原稿、解説、ナレーションなどでは、少なくとも誤用ではない、違和感や不快感を感じさせない言葉を使ってほしい。「違和感」「不快感」は、先ほどの例にもあげたとおり、個人差がありますが、最低限「明らかな誤用」はメディアにかかわる以上、避けるべきだと思います。

ネットにあふれるテキストや動画などは、まさに玉石混交です。最近は新聞をとらない人が増え、ニュースもネットで見るという人が増えましたが、それでも新聞、テレビの影響力はまだ小さいとは言えません。

日本新聞協会がまとめた「放送で気になる言葉　敬語編」「新聞用語懇談会放送分科会編集」という小冊子が手元にあります。２００４年の発行なのでだいぶ古いのですが、敬語については大きく変わらないと思いますので、いくつか日常的な例だけ、紹介しましょう。

冊子ではさまざまな場面の敬語を「誤用」と「正しいもの」に分けて解説し、文法的になぜ「誤用」あるいは使わないほうがよいものなのかを示しているのですが、解説ははぶいて、ちょっとクイズのようにしてみます。

以下の敬語のうち、誤用だと思うものはどれでしょう？…？…？

①先生が申されたように

②殿下は美術館にお立ち寄りになられました

③ちょうど今、御社の◯◯さんがお見えになっております

④今朝、優勝した◯◯選手が故郷に戻ってまいりました

⑤このスカーフは女王陛下も愛用しております

⑥どうぞ、こちらの料理をいただいてください

⑦たいへんお安くお求めできます

実は、すべて「誤用」とされています。
正しい言い換え例と、簡単な理由は以下のようになります。

①先生がおっしゃったように
（「申す」は謙譲語、尊敬語は「おっしゃる」）

②殿下は美術館にお立ち寄りになりました
（「お立ち寄り」と「なられる」の二重敬語）

③ちょうど今、御社の◯◯さんがお見えになっています
ちょうど今、御社の◯◯さんがおいでになっています
（「おります」は「いる」の謙譲語）

④今朝、優勝したチームの選手たちが故郷に戻って来ました
（「まいりました」は「来る」の謙譲語）

⑤このスカーフは女王陛下も愛用されています
このスカーフは女王陛下も愛用なさっています
（「おります」は「いる」の謙譲語）

⑥どうぞ、こちらの料理を召し上がってください
（「いただく」は「食べる」の謙譲語、「召し上がる」が尊敬語）

⑦たいへんお安くお求めになれます
（「できる」は「する」の可能表現で、尊敬語ではない）

とにかく「失礼」のないようにと思って使ったつもりが「かえって相手を不快にさせる」こともよくあるということ。

あんまり神経質になりすぎるのもどうかとは思うけれど、少なくともメディアはもう少し気を使うべきです。

●不愉快な「患者様」

たとえば「**患者様**」という言い方です。これは、先日調べてみたら、なんと平成13年に厚生労働省が出した「国立病院・療養所における医療サービスの向上に関する指針」中に『患者の呼称の際、原則として姓名に「様」をつけることが望ましい』という一文があったことがきっかけでした。

厚労省に言われて変えた、というのにも驚きましたが、「患者様」が、医療サービスの向上に役立つとはとても思えないし、実際、病院に通う人たちは「よそよそしい」「冷たい」と嫌がりました。結局そうした声を受けて、病院によっては「患者様」はやめて「患者さん」に戻している現場も増えているそうです。

モンスターカスタマーによる「カスハラ」（カスタマーハラスメント）による嫌がらせや、いわれのない企業、店などに対する攻撃を恐れる気持ちも強くなっている昨今、「とにかく下手に出る」「とにかく丁寧に」「消費者様も患者様も怒らせないように」という方針のもとで、慇懃無礼な文章が並ぶことになるのでしょう。

けれど、「文句が来ないように」というだけで、敬語らしきものを並べた文章からはなんの誠意も伝わってこないし、むしろ怒りを買う、ということも理解してほしいものです。

●「先生」をつければいいってもんじゃない

「先生」という敬称も、日本の社会の上下関係重視、そして、権威主義の象徴のように思えます。

本来は「先に生まれた年長者」の意味ですが、中国の古典では学問上の師にあたる人を「先生」と呼び、日本でも、学問や芸事を「教える人」を先生と呼ぶようになりました。それがやがて、いろいろな人に対して使われるようになっていったようです。

生徒が教師を「先生」と呼ぶのはいいとしても、たとえば政治家に先生をつけるのは、もういい加減にやめたほうがいい。記者も政治家を「先生」と呼ぶし、政治家同士も「先生」と呼び合っている。政治家によっては、「私を先生と呼ばないでほしい」と言っていますが、いっこうになくなりません。故・土井たか子さん（元衆議院議員、日本社会党委員長）は「先生と呼ぶのはやめてください」と常々言っていましたし、現役の政治家の中にも同じように言う人もいるのですが、いっこうになくなる気配はありません。

作家を「先生」と呼ぶ習慣も、まだしっかり残っています。編集者の多くも私を「下重センセイ」と呼ぶので、そのたびに「先生はやめてくださいね。下重さんでお願いします」とたのんでいます。それでも初対面の場合はほぼ皆さん「下重先生」、郵便物の宛先も「下重先生」ばかりです。これはいわゆる業界内の言葉ですが、小説やマンガのファンも、作家を「先生」と呼ぶことが多いようですね。

日本では、いわゆる「士業」についている人の一部も「先生」と呼ばれます。弁護士、税理士、司法書士といった人はだいたい「先生」と呼ばれているようです。

もちろん医師も「先生」と呼ばれます。看護師や薬剤師は「○○さん」ですが、医師は必ず「○○先生」。

患者の意識は「先生は目上の方」「看護師は目下、あるいは同格」ということがはっきりしています。

外国のケースはくわしく知りませんが、とにかく日本人は「医者は偉いもの」と思う人が多く、とくに年配の人ほどその傾向が強い。とにかく「お医者様の言うことは絶対」で、治療方針に疑問があっても口にできない、質問もできない、診察室で緊張して何を言われたか覚えていない、という人もいる。

セカンドオピニオンが大切だ、といくらわかっていても「とても言い出せない」という人は少なくありません。本来一番大切な自分の身体のことなのに、医師にばかり気をつかってしまうのです。

けっしてすべての医者がそうだとは言いませんが、中にはほんとうに偉そうで、「何さま?」と言いたくなるほど尊大で不親切な医者もたくさんいます。私は言いたいことははっきり言うタイプですが、納得できないままに、言われるがままの治療を受ける人もたくさんいるはずです。

そんな状態のところで「患者様」などと、おためごかしの「敬語」を使われたら、患者がさらに不快になるのは当たり前のことです。

「先生」と呼ばれる人は、呼ばれているうちに、本当に性格が「先生」になってしまうと言われます。学んでいる時は謙虚で誠実な人柄だったのに、「先生」と呼ばれつづけるうち、だんだんに自分が患者やクライアントよりも偉いのだ、と思うようになって、少しずつ尊大に、傲慢になってしまうということ。誰でも、ちやほやされ、気をつかわれ、下へも置かぬようなもてなしをされていれば、聖人君子でもない限り天狗にもなる、つけあがる、増長する。要するに「偉そうな先生」ができあがってしまう。

敬称が人間をつくってしまうということです。

「先生先生といばるな先生、先生生徒の成れの果て」とか「先生と言われるほどのバカでなし」なんて言葉がありました。

ここでの「先生」は、むしろからかいの意味を込めたカタカナの「センセイ」です。

いつ、だれが言い出したのかは知らないけれど、この戯れ歌を「先生」たちは、時々思い出してほしいと思う。

すぐさま「先生」を全廃しろは言わないけれど、やたらに使いすぎないほうがいいと思います。先生を使えば使うほど、偉そうな人が増えるということですから。

3章 「主人」と「つれあい」

●私が「主人」を使わない理由

私があえて使わない言葉に**「主人」**があります。長年いっしょに住んでいる「戸籍上の夫」はいるのですが、暮らし始めてから彼を主人と呼んだことは一度もありません。だって彼だけが「主」ではない。私も「主」だから。実際、財布も別会計で、彼に養ってもらっているわけではありません。もちろんいっしょに住んでいるのだから助けあって暮らしてはいるけれど、彼が「主」で私が「従」ではない、と思うから。

「そんなところになんでこだわるの」と思う人も多いと思うけれど、そこはずっと突っ張っている。私にとってはすごく大事なことなのです。

「ご主人様はお元気ですか？」なんて言われたら「私は家で飼われている犬か！」としか思えない。

もちろん自分の夫を「主人」と思っている人はそれでいいと思うけれど、私は自分の気持とは違う言葉は使いたくありません。

なぜこだわるのかというと、いつも「主人」と言っていると、いつの間にか実態もそうなるから。何気なく使われる言葉だからこそ、きちんと使わないと、言葉によって現実が変化するのです。

だから私は昔も今も、「私のつれあい」と言っています。

ときどき、私が書いた原稿の中の「つれあい」という言葉を、編集者がわざわざ「主人」と直してくることがあるのですが、これはどうしても許せない。

夫の名字を使うことはあります。夫の姓は大野ですから、たとえば「大野と相談してから返事します」とかね。比較的年配の女性のなかには、こういう言い方をする人も割にいるのではないでしょうか。夫の会社から夫あての電話を受けたときなどに「ただいま大野は外出しておりますので、戻り次第お電話するよう伝えます」というような使い方。相手が「大野さん」を知っている場合に限られると思いますが。

「つれあい」という言葉を使うようになったのは、中山千夏さんがきっかけでした。彼女が当時結婚していた佐藤允彦《まさひこ》さんのことを「うちのつれあい」と言っていたのを聞いて、「あ、いい感じ！　これは私も使わせてもらおう」と思いました。

親しくしている作家の小池真理子さんは、亡くなった夫の藤田宜永《のりなが》さんのことを、「うちの旦那がさ……」と言っていましたが、これは彼女らしくて好きでした。藤田さんは「うちのカミさん」。

しかし「旦那」というのも曲者で、小池さんのような、ちょっと照れ隠しのような「旦那」ならともかく、やはり、お店に住み込みの人や、家政婦さんが、雇い主の夫婦を「旦那さん、奥さん」と呼ぶような印象です。

もちろん自分が納得しているなら、自分の配偶者をどう呼ぶかは自由だし、好きなように呼べばいいのですが、結局私は「つれあい」が一番自分の気持ちにぴったりしました。

ただ、いつもちょっとだけ困るのが、「相手の配偶者」をどう呼べばいいか、ということ。かなり親しい人であれば「イチロウさんは元気？」のように、夫の下の名前で呼べばいいし、小池真理子さんと藤田宜永さんのように、結婚していても別姓で仕事をしているなら「藤田さん」でいい。

ただ、そこまで親しくない場合、通常なら「ご主人はどちらのご出身?」「ご主人はお元気?」というようなときです。たとえば夫婦別姓の事実婚で、それを公表している人ならば「相手の姓」または、「パートナー」という言い方もできるでしょうが、そうではない場合には呼び方がほかにあまりありません。

自分が「主人」という言葉を使わず「つれあい」と言っている以上、相手の配偶者も「ご主人さま」とは呼びたくありません。

だからといって「あなたの夫はどんな人ですか」「夫によろしく伝えてください」では、親しい間柄でも、やはり失礼でしょう。「旦那さん」も、やはり私は使いたくありません。

話している女性が自分の夫を「主人」と呼んでいるのなら、それにあわせて「あなたのご主人」と言ってもなんの失礼にもならないとは思いますが、それでも私はあまり使いたいと思えません。

●「主人」と「夫婦別姓」

なにをいい年してそんなにムキになっているの、と思われるかもしれないけれど、私は夫婦別姓がなぜいまだに認められないのかがまったくわかりません。

これだけ批判が高まっても、政府はなんとしても「夫婦別姓」を阻止したいらしい。「選択的夫婦別姓制度」についての政府世論調査（内閣府・法務省）で、２０１７年に賛成が43％だったものが、２０２１年には29％に減った、ということも「話題」になりましたが、これは明らかに「質問の仕方」を意図的に変えた結果としか考えられません。

正確に紹介すると

２０１７年の調査は

①夫婦別姓のため法律を改めてもかまわない　43％
②法律をあらためる必要はない　29％

２０２１年の調査は
①夫婦が同姓か別姓かを選べる選択的夫婦別姓を導入したほうがよい　29％
②夫婦同姓の制度を維持したほうがよい　27％
③(夫婦同姓を維持した上で）旧姓の通称使用の法制度を設けた方がよい　42％

つまり２０２１年調査は③の設問を加えたために、結果が非常にあいまいなものになり、「夫婦別姓に賛成の人が43％から29％に減った」ように見えるようになっています。③はとてもずるい設問です「旧姓の通称使用の法制度を設ける」というのは、実は現在とほぼ変わらないということです。実際に私も「下重」という旧姓を結婚以来、何十年もずっと使用していますし、私ほど突っ張っていなくても「できるなら旧姓を選びたかった」という女性はたくさんいます。本来なら別姓にしたいけれど、相続とか税金とか子どもの学校への説明とかが煩わしく、同姓にしたという人も多い。さまざまな場面で不便なことが多く、「夫婦別姓」も認めるべきだ、という意見が強くなってきているのです。ところが政府が用意した「世論調査」では「旧姓の通称使用の法制度」とかいう、ろくに議論もされていない、ほとんどの人は聞いたこともないものを持ち出して、③の項目を付け加えています。なんだかよくわからないままに「夫婦同姓であっても日常的に不便がなくなるならこれでいいんじゃないの」と、これを選んでしまった人は多いと思います。

実は、別の統計ではまったく違う結果が出ています。2020年、早稲田大学のある研究室と市民団体による調査では、約70%が「選択的夫婦別姓」に賛成しており、2024年4月にNHKが行った世論調査でも、賛成は62%です。

反対する根拠はさまざまですが「家族の一体感が失われる」「子どもが迷惑する」といったもので、政府自民党の考えかたも基本は「日本の家制度を守りたい」ということです。２０２1年には自民党議員50人が連名で「家族単位の社会制度の崩壊を招く可能性がある」「民法が守ってきた『子の氏の安定性』が損なわれる可能性がある」として、夫婦別姓に慎重に対応すべきだという文書を、地方議会に送りつけています。自民党内にも野田聖子さん、小渕優子さんら女性議員を中心に「選択的夫婦別姓」を推進しようというグループもいます。ただ、石破茂さんなど、夫婦別姓に賛成していた人たちは、自民党総裁選出馬後、言わなくなりました。

２０１5年と２０２1年の最高裁判所判断は「夫婦同氏制度は憲法に違反していない」でしたが、憲法が「選択的夫婦別姓制度」と矛盾するものだ、という意味ではありません（現在も東京地裁と札幌地裁に選択的夫婦別姓訴訟が提訴されている）。

私が生きているうちに制度化されそうもなければ、籍を抜くしかありません。最後は法的にも「下重暁子」という自分の名で死にたい。

「不便だから」ではなく、不快だからです。「下重暁子」が戸籍上存在しないということは、私という人間が存在しないということなのですから。

●私はあなたの「おかあさん」じゃない

夫を「つれあい」と呼ぶのは私のこだわりですが、何気ない敬称の使い方も少し気をつけてほしい、と思うことがあります。

まず、テレビのレポーターなどが、初対面の年配の人に対してよく使う

「おとうさん」
「おかあさん」

という呼びかけ。

これ、私に向けられたものだったら、かなり不愉快です。「私はあなたのお母さんなんかじゃないわよ」と言い返すでしょう。タレントや芸人が街角で一般の人に呼びかけるような場合は、最近ほとんどがこれになっているように思えます。

「おばさん」「おばあさん」「おばあちゃん」と呼びかけるより「おかあさん」のほうが、相手も抵抗がないだろう、親しみを感じてもらえるだろう、ということでこれが定着しかかっているようですが、これもよくない「メディア語」のひとつだと思います。

気を使っているようで、実は失礼、という場合もあることもわかっていてほしい。名前を知らない人にどう呼びかければいいのか、と言われるかもしれないけれど、そんなこと状況によって考えればいいのです。

私だったら、たとえば「そちらの方、今何をなさっているのですか」「こちらの女性の方、ちょっとお話を伺っていいですか」と言うか、まず「こんにちは、お名前を教えていただけますか」と名字を聞くと思います。

常に、それが一番いいとは限らないだろうけれど、反射的にとにかく、年配の人は「おとうさん、おかあさん」と呼んでしまう、というのは無神経にすぎます。

ついでに言えば、若い人が記者会見や取材などに応じるとき、自分の親のことを

「おとうさん」「おかあさん」と言うのも、幼すぎてがっかりします。幼稚園児ならともかく、高校生やプロ野球の選手くらいの人が

「おとうさんとおかあさんのおかげです」

などと言っているのは、不自然です。いい年をして、なぜ「私の両親は」「父は」「母は」「祖父母は」という言い方ができないのかなあ、と不思議な気持ちになる。

●「老衰」では死にたくない

もうひとつ、最近気になっているのは**「老衰」**という言葉。

著名人が亡くなるとメディアで訃報が伝えられます。

その際に発表される死因で、嫌だなあ、と思うのが「老衰」です。

とにかく私が死んだ場合に訃報が出るなら「老衰」だけはやめてほしい。

比較的最近だと、「老衰」で死亡したとされる著名人で思い出すのは作家の瀬戸内寂聴さん、カメラマンの篠山紀信さんも老衰、アナウンサー時代の師匠でもあった鈴木健二さん、脚本家の山田太一さん、詩人の富岡多恵子さん、作家の大江健三郎さん、作家の永井路子さん、デザイナーの森英恵さんも老衰と発表されていました。

たしかに皆さんご高齢とはいえ、私は知り合いの場合はとくに「老衰」という言葉で終わらせるのは気になって仕方ありません。

「老いて」「衰えて」死ぬなんて、生前に活躍していた人ほど、どうしても「訃報の死因が老衰はないだろう」と思ってしまうのです。

病名をくわしく発表しなくてもいいではないか、という人もいるでしょうし、「老衰」のほうが、「穏やかな最期」という印象があっていいのではないか、と感じる人もいるとは思います。

けれど私は嫌です。「がん」だろうが、「喉にお餅をつまらせて窒息死」だろうが、

「飲み屋の階段で転んで脳挫傷」だろうが……。それが老化で体が衰えていたからだとしても、「老衰」はやめてください！

実際の病名は肝臓がんでも、訃報には「心不全」となっていることがある、ということは知っていましたが、少し調べてみました。

通常、新聞や通信社の「訃報」に書かれる死因は、死亡診断書に書いてある死因、または遺族が公表したものを使うそうです。

「心不全」というのは「病名」ではなく、亡くなったときの状況、つまり「最終的に心臓が止まりました」というもので、「呼吸不全」も「多臓器不全」も病名ではありません。

ついでに、厚生労働省の統計を見てみると、日本人の死亡者数約157万人の死因、1位は悪性新生物（がん）で24・6％、2位は心疾患で14・8％、そして3位が老衰11・4％でした。ちなみに、あとは脳血管疾患、肺炎、誤嚥性肺炎、不慮の事故、腎不全、アルツハイマーがつづいていました（2022年の人口動態統計 ※死因は、役所に提出された「死亡診断書」に死因として記載されたもの）。

「老衰」は2018年に初めて「脳血管疾患」をぬいて3位になっており、医療の進歩にともなって、さらに増えるだろうと言われています。

では「老衰」は病名なのか、たんなる「状況」を示す「死因」なのか、もうちょっとしつこく調べてみました。

厚労省の2019年版死亡診断書記入マニュアルというのがあり、そこには、「死因としての『老衰』は、高齢者で他に記載すべき死亡の原因がない、いわゆる自然死の場合のみ用いる」「ただし、老衰から他の病態を併発して死亡した場合は医学的因果関係に従って記入することになる」ということなのだとか。

それを医師がどう解釈するかは、だいぶ判断がわかれるそうで、「老衰によって誤嚥性肺炎が起きた」場合も「老衰」とだけ書く場合があり、「誤嚥性肺炎」と書く医師もいるといいます。「人の死には老衰死というものはないはずで、科学的には必ず死因になる病名がつけられる」と考える医師もいるそうです。

結局のところ、死亡診断書の「死因」は、医師の考え方により、遺族との相談でどう書くかを決めることもあるということでした。

それなら私は「私の遺志」を尊重してもらいたいと思います。どんな死に方をしても、正確にちゃんと書いてもらいたい。中途半端な「老衰」なんかまっぴらごめんです。

いつ急に死ぬかわからないので、せいぜいあちこちに「絶対老衰と書くな」と、今のうちに言っておくことにします。私は老衰では死にません！

4章

政治家の言葉、官僚の言葉

●政治家の言葉が貧しい

私が心の底から嫌いなのは、いわゆる「官僚語」とでも言うべき言葉です。アナウンサーが読む標準語も、好きではないけれど、ときには必要なものです。けれど、官僚語は違う。

国会中継、記者会見などで耳にするさまざまな答弁のほとんどは、聞いているだけで腹が立ってきます。政治家の答弁も当然官僚が書いているのですから、要するに官僚語がほとんどです。

しかも岸田前首相がそれをそのまま読んでいるのを聞くと、何を言いたいのかまったく伝わって来なかった。石破首相は自分の言葉で話す人でしたが、総裁選に勝ってからは官僚語が多くなりました。

近年政治家の言葉が一段と貧しくなっているように感じるのは、まず人間として魅力的、個性的な人が少なくなったことと、官僚が書いた原稿を一字一句そのまま読むからでしょう。

私は安倍元総理の政策や考え方には賛成できないことが多かったものの、少なくとも、何を言っているのかはちゃんとわかりました。政策を支持するもしないも、何を言いたいのかが伝わらなければ意味がない。

官僚が書く言葉というのは、「何を言いたいのかわからないように書く」のが「基本」です。

この官僚語は、悪い意味で非常によくできているため、揚げ足をとられないよう、どんどん使う人が増えてしまうのです。政治家、官僚だけではなく、企業にも広がっている。教育関係の人もよく使う。

官僚語の根底にあるのはまず「責任の回避」です。つまり、自分と自分が所属する組織の責任を回避し、守るための言葉なのです。

●「してございます」はやめてくれ

嫌な官僚語を挙げていたらきりがありません。

「それについてはコメントを差し控えさせていただきます」
「各方面と調整いたしております」
「それは○○であったと承知しております」

といった慇懃無礼な表現は、もはや「おなじみ」です。

そんななかで、最近なんだかどんどん増えてきているように感じるのは**「～してございます」**という不思議な丁寧語です。

「ございます」がぜんぶ変だというわけではありません。電話に出て「はい、○○でございます」「お久しぶりでございます」「ご愁傷さまでございます」は、丁寧すぎる気もしますが、違和感はありません。

しかし聞くたびに気になるのは

「これにつきましては、現在調査委員会で検討してございます」

という言い方です。単に「検討しています」「検討しております」という意味で使っているのですが、そこに「してございます」はないだろう、と思うのですが。どうしても「ございます」を使いたいのなら、「検討中でございます」が自然なはずです。

●競輪の仕事で知った「官僚語」の本質

実はこの基本を教えてくれたのも、ある経産省の官僚でした。

私は日本自転車振興会（現ＪＫＡ）というところの会長をやっていたことがあります。たまたま、競輪場に遊びに行ったことがあって、その感想のようなものを書いたら、それが気に入られて声がかかったらしい。

冬の競輪場、おじさんたちが車券を握りしめて見ている。ジャンが鳴ると９色のユニフォームを着た選手たちが乗る自転車が列を乱してすごい勢いで走り出す。それが寒空に美しかった。ゴールすると、おじさんたちの外れ車券がいっせいに空に舞い上がる。印象的な光景でした。

そんなことを書いた文章を自転車振興会の人が覚えていて、「審議委員になってほしい」と言われた。そんな畑違いの仕事、冗談じゃないと思って断ったのですが、結局、意見を言うだけでいいなら、と引き受けてしまいました。その数年後にはなんと会長を引き受けることになるとも思わずに。当時の首相は小泉純一郎さんで、「とにかく会長は女がいい」と言って閣議決定したのだそうです。審議委員の名を見て「あ、これでいいじゃないか」と、それで決まっちゃったらしい。

畑違いにもほどがあると思い、何度も断った審議委員でしたが、よく考えたら、巨額の利益が入ってくる特殊な組織を内部から見るなんて、めったにできることではありません。何億もの儲けをいったいどこにバラまいているのかも興味がわいてきた。それを女の視点で見直すことができる。女性の職業選択の道もそれがきっかけで少し広がるかもしれないとも思って引き受けました。さらに言うと、私は物を書く仕事をしていたものの、男を書くのがヘタでした。とくに組織にいる男性が書けなかった。NHKに9年在籍はしていたものの、アナウンサーというのは専門職なので一般的なサラリーマンとはかなり違いますからあまり参考にならなかった。それを知りたい、という気持ちもありました。

それが2005年のことですが、いざ引き受けてみたら、そこはこれまで私が知っている世界とはまったく違うものでした。この組織は当時経産省の管轄下にありましたから（2008年から公益財団法人JKAに移行）、とにかく役人と話すことがすごく多い。経産省の官僚とばっかり付き合わなければならない。

担当課長がいて、上に部長がいて、局長がいて、一番上には大臣がいるわけですが、とにかく、なにかと挨拶に行かなくてはならないし、議員への「言い訳」と「説明」のため、ずいぶん議員会館にも通いました。くだらないなあ、とは思いながら、とても勉強になった。

私はこの仕事を3期6年つづけましたが、組織がどういうものなのか、官僚がどんな仕事をしているのかを初めてそこで知りました。

●どうにでも解釈できるように書くのが官僚の仕事

そうした中でとにかく衝撃的だったのは「言葉の使い方」についての意識の違いでした。

経産省のお役人たちは、東大出が多かったし、まず前提として頭はいい。記憶力もいいし、計算も速いし、書類をまとめたり、統計をまとめるのもうまい。それはわかるけれど、官僚が作った書類の文章というのはほんとに人間味がないし、結局なにが言いたいのかよくわからないし、場合によっては「これ3行ですむんじゃないの」というようなことを何十枚も紙を使って説明していたりするのです。

親しくなったある課長に、それを話したことがあります。「もうちょっと書類をつくる人の気持ちがわかるように書くとか、読む人の気持ちに届きやすい言葉を選ぶとかできないものかしら」と、私は言いました。「それが言葉っていうものじゃないの？」と。でもその課長はこう言いました。

「違うよ。官僚というのはね、受け手次第でどうにでも解釈できるような言葉を選ぶんだよ。法律の条文はそうやって書くんだ」って教えてくれた。

私はびっくりしました。考えてみればそもそも行政の仕事というのは、法案を作るのが仕事です、立法は国会の仕事だけれど基本的には「可決」するだけで、もとになるものは各省庁の官僚が書いている。私はまったく法律の門外漢ですが、実際「法解釈」はいつも問題になるし、それをどう解釈して適用するのかが、常に司法の現場では争われているのですから、「書き手の気持ち」で言葉を選んではいられないのは当たり前といえば当たり前かもしれません。

けれど、いくら経産省の管轄とはいえ、ＪＫＡの書類は別に「法案」とは限らないので、もうちょっとなんとかならないのか、と何度も思いました。たとえば振興会の仕事のなかには、一般市民へのスポーツ振興とか、文化事業の支援などもあるのだし、普通の人に届く言葉で書いていいものもあるはずだと思いました。

けれども官僚という人種は、官僚語という言葉をつかって20代からずっと組織の中で仕事をし続けていきます。

あとから言質をとられない文章、書き手や組織が絶対に責任を追求されない文章、逃げ道がきちんとつくられた文章。息をするようにこういう文章がつくれる人が「優秀な官僚」なのです。

●原発事故の「東大話法」と「大本営発表」

ロッキード事件以降、やたらに多用される「記憶にありません」「秘書にまかせていた」は「定番の責任逃れ」の言葉として知れ渡りましたが、官僚語というのは、こういうあからさまなものだけではなく、もっと巧妙です。

こうした官僚語を分析して、明確に批判した本が、経済学者・安冨歩さんの『原発危機と東大話法』（明石書店）、『もう「東大話法」にはだまされない』（講談社＋α新書）です。

2011年3月、福島第一原子力発電所が地震と津波によって大事故を起こしたとき、日本人のほとんどが毎日テレビにかじりついていました。なにがどうなっているのかさっぱりわからず、自衛隊の放水作戦を見守り、「専門家」という人たちの「説明」やら「見解」やら「解説」を聞き、官房長官の説明を聞き、山ほど格納容器だの圧力容器だの建屋だの、イラストや図版を見せられました。

毎日毎日それを見続け、時間がたつにつれてその深刻な真実が明らかになってきたとき、理系の話はさっぱりわからない私でも、「じゃあ、前の説明はなんだったのよ」と怒りがわいてきました。

「人体に直ちに影響はありません」「冷静な対応を」などという言葉を聞くたび「直ちに影響がないってことは長期的に影響があるっていうことでしょ」「なにが冷静によ！」と怒りはエスカレートし、要するに、政府の発表も、原子力委員会の見解とやらも、東京電力の報告も、戦時中の「大本営発表」と変わらないのだと気づきました。「撤退」を「転進」と言い換え、「全滅」を「玉砕」と言い換え、少ない戦果だけを「大勝利」と言って、戦死者の数は極力少なく発表するのが大本営の常套手段でした。

政府なり役所なり企業なり、それぞれの組織にとってだけ都合のいい発表のことを、「大本営発表」と言うようになった。大本営発表の理由はもちろん自分たちの失態、作戦立案の失敗、国民からそれが非難されることを恐れたためで、もちろん「国民を不安にさせないための思いやり」などではありません。

原発事故のあとも、私たちは大本営発表にずっと見入っていたのでした。

あとから思えば、どれだけのウソにごまかされていたか。

安冨さんは彼らが駆使する説得力があるように見えて実はまったく実態のない、不可思議な言葉を「東大話法」と名付けて分析しました。日本の最高学府である東京大学出身者たちがこの話法の名人で、それが官僚機構に、政界に、学術界に、財界に、各企業にとどんどん蔓延している実態の危険性と恐ろしさを非常にわかりやすく書いています。

とりわけ原発事故で罪深いのは、まったく当事者意識も責任感も誠実さも感じられない「御用学者」たちの発言だったと言います。私もまったく同感です。

●「立場」がないと不安な日本人

原発事故当時に限らず、今もテレビをつければ政治家やら企業やらが、都合の悪い

ことを質問されるたときに連発する、

「お答えする立場にありません」

にも心底腹が立ちます。「じゃあ、答えられる立場の人ってやつを呼んで来い」と言ったところで、結局出てくることはありません。

この「立場」というやつ、本当にやっかいなことに、いつの間にか日本社会の根底にまで根を張っています。

「私の立場も考えてよ！」「俺にだって立場というものがある」そんなセリフを、ごく普通の主婦や、サラリーマンがよく口にします。

ちょっと自分が不利になったり、非難がましいことを言われたり、あるいは何らかの解決を求められるとすぐ出てくるのがこのセリフです。相手を非難するときも「立場」が使われます。

真意は「私の責任じゃない」「私にはどうしようもないことだ」「組織や上の人から頼まれてやっているのだから仕方がない」「組織を守るためには仕方のないことだ」といった「責任回避」です。

私はなんらかの組織や集団に強いられて発言したり行動したりすることはしないし、自分の意見は自分の責任で口にする「自分勝手」な人間なので、そのせいで誰かに疎まれたり嫌われたりしたこともあるかもしれません。ただ、そんなことを気にして守りたい「立場」とやらは持っていません。そんなものの上には立ちたくないし、立ったこともない。

●「立場」と「肩書」に縛られたい

「立場」とか「立ち位置」とかいうものは、なにか「社会人の常識」のように思われることが多く「立場をわきまえる」ことはきちんとした大人の条件のように言われます。

「社会人なんだから少しは立場をわきまえろよ、オトナになれ」

うんざりするようなセリフですが、日本社会は家庭内も、学校も、職場も「立場」だらけなのです。

その結果「何らかの立場」がないと、安心できない人がとても多い。

「肩書」を欲しがる人が多いのも同じことではないかと思います。社員3人しかいない会社なのに、部長と課長と係長の肩書をつけないと「会社」の体裁が整わないように思ったり、名刺の裏が真っ黒になるくらい肩書や役職を書き連ねる人がいたりするのも、とにかく「社会的立場」のようなものを、なるべくリッパに見せたいという気持ちからなのでしょう。

長年勤めた会社を退職したとたんにすべての「立場」を失って、なにをしていいかわからなくなってしまう人も少なくありません。とくに年功序列、終身雇用制があたりまえだった昭和の「企業戦士」は、「○○部の部長」「○○社の社員」という肩書、立場を失うと、家庭内での「仕事をしてお金を持ってきてくれる人」という立場も失ってしまう。ある高齢の男性が渡してくれた名刺には、ボランティア団体の○○部会長であることや、趣味で撮っている写真の受賞歴まで書いてあった。肩書がなくなったとたんに、丸裸になってしまったような心細さを感じるのでしょう。

受け取ったものの、なんだか痛々しい気持ちになりました。肩書なしの「自分」で生きていくことほど、自由なことはないのに。

●「肩書なし」ほど自由なものはない

たしかに「無職」という言葉には、いい印象がありません。報道などで一般の人の名前が出るときに、「**○○さん・60歳・無職**」とするのも、どうかと思う。事件や事故の場合が多いと思いますが、「会社員」「自営業」「大学生」

「農業」などに当てはまらないと「無職」になってしまう。定年を迎えて会社を退職して、充実したリタイア後の人生を送っている人も「無職」。けれども「無職」と言われたら、若いのにぶらぶらして働かずに親のスネをかじっているような印象です。犯罪報道の容疑者などによく使われる「住所不定・無職」も、非常に印象が悪い。「無職」という言葉がもたらす不安、不快、不満、さびしさといったものが、つい名刺に過去の仕事や、資格、現在の活動を書きつらねてしまうことになるのかもしれません。

けれど肩書のない素の自分に戻れたのなら、それを思う存分に楽しんでほしいと思います。今こそすべてのしがらみから自由になれた、と羽を伸ばすときなのですから。肩書によってできた知人は、肩書がなくなったとたんに離れていきますが、それは寂しいことではなく、しがらみから解き放たれること。

名刺にあれこれ肩書らしきものを書き連ねて、そこに縛られようとするのは、せっかくの自由を自ら手放すのと同じことです。

私は、住所と電話番号と名前だけを書いた名刺を一応は持っていますが、ほとんど使うことはありません。

仕事をすると私の「肩書」が「元NHKアナウンサー」となっていることが最近までであったのですが、たまたまある一時期、私という人間がアナウンサーをしていたというだけのことで、しかも勤めていたのは50年以上前の9年間。お世話になった場所ですが、「もういいかげんにその肩書やめて！」と言いたい。「元NHKアナウンサー」なんて肩書でもないし、経歴にすぎません。

けれど「元大臣」「元○○議員」といったものを、名刺の肩書に使う人もいます。政治家の名刺はつぎの選挙用のポスターみたいなものですから仕方ないのかもしれないけれど、情けないなあと思います。

●「私」のない言葉に慣れてはいけない

官僚語の主語はけっして「私」になりません。

「個人の意見」ではない、主語は明示されないか、「我が国」です。

官僚語に限らず、私が日本語に違和感を覚える場合、その理由の多くは「個」がないことですが、官僚語というのは、その最たるものでしょう。

日本国憲法でもっとも大事にすべきなのは、13条だと思っています。

「すべて国民は、個人として尊重される。生命、自由及び幸福追求に対する国民の権利については、公共の福祉に反しない限り、立法その他の国政の上で、最大の尊重を必要とする」

そう定められていながら、日本人は自らの「個」をちっとも大事にしていないように思います。それは戦前も戦後もまったく変わりません。外交の場で、担当者同士が顔を突き合わせて話すときも、日本人の外交官は「それはあなたの意見か」と聞かれると「これは政府の見解で」と逃げてしまうと言います。

官僚語、政治家の言葉はもちろん、企業の会見にも、テレビのキャスターの言葉にも「個」が見えてこないのです。

日本は戦後アメリカに占領され、独立して以降もその庇護のもとに発展してきました。外交も、どうしてもアメリカの意向に沿うような交渉になる。すると「日本は」という主語さえも失われていくのでしょう。もともと「個人」という意識が強くない日本ですから、「個人の意見」「個人の見解」は、まず「政府のものと同じである」ことが正しいとされ、さらに「日本政府の見解はアメリカ政府の見解と矛盾していてはいけない」となり、「とるべき立場」とやらがつぎつぎ重なっていきます。がんじがらめの重層的な「立場」を意識することで、「個」はどこにもなくなってしまう。

おそらく、外交も、こうした「立場」にしばられることによって、確たる言葉を失い、失われることによってますます、個の意識は失われていくのだと思います。

個とは、「自分勝手な意見」という意味ではありませんし、そんな「意見」だけで外交が進んでいってもらっては困ります。

しかし、外交交渉の中で、条約締結などの前には、専門家同士が個対個で多くの折衝を行います。そのなかで「自分は本来こうあるべきだと思っている」「しかし今の政府の状況がこうだから、やり方をもう少し工夫しないと無理だ」というような話が当然積み重ねられていきます。非公式な会食や雑談もあるでしょう。そうしたときに、相手国の外交官が「あなたはどう思っているのか」と聞いたときにさえ、日本の外交官は『私はこう思う』と答えないことが非常に多いと聞きます。

国を代表する人間であるという「立場」だけではなく、人間としての誠実さを、「言葉」にする人がもっと増えてほしいと思います。

「政府として遺憾の意を表明します」

のようなお決まりの外交用語が、相手に届くはずもない。

もともと「とりあえず我が国の立場上、遺憾の意を表明したという事実」を残すためだけの言葉なのですから。

●お詫びになっていない不誠実な謝罪の言葉

官僚語が「慇懃無礼」で「堅苦しい」だけなら、不愉快ではあるけれど、さほど問題ではありません。ムッとするけれどまだ罪がない。というのも何を言っているのだかさっぱりわからない外交用語ですが、これについては日本の外交そのものの姿勢の話になりますから、ここではもう少し身近な例を考えてみましょう。

「もしこれによってご不快な思いをされた方がいたとしたらお詫びしたい」

本当にこのセリフは許せない。

とりあえず「謝罪」をしているように見えていながら、まったく謝罪になっていないからです。もしあなたがこんな謝り方をされたらどう思いますか。尊大で不遜、傲慢で不愉快極まりない言葉です。

これで「謝罪した」という事実はつくったつもりなのでしょう。「不快な思いをされた人がいたとしたら」とは、「不快な思いをする人がいるとは思っていなかったし、今も思っていない」ということで、しかも「でも私は思いやりのある人間なので意図していなかった結果についても謝ってあげますよ」と、偉そうに付け加えているのです。「あなたよりもずっと地位も高く、権威あるこの私があえて謝罪しているのだからありがたく思いなさい」と言っているに等しいし、実際そう思っているのだと思います。

不快で失礼な言い方だと言ったところで、こういう発言をする人は、なぜ失礼で不快と感じられるのかもわからないと思いますよ。

心に届かない言葉の多くには「主語」がありません。あるとしたら、「我が国は」

だったり「政府は」だったり、企業なら「弊社」で、「社長」ですらない。

日常的にも「そんなことはみんなが知っている」「みんながそうしているから」という言い方がよくあります。子どもが「みんな持ってるもん！」なんて言って、何かはやりの文房具を親にねだったりするのと同じことです。

まともな大人なら「みんながやってるから」などという小学生のような言い訳をしてはならないと思います。

ひとりの社員が書いていたとしても、主語を「弊社」としたとたんに、個人の意志、感情、気持ちはすべて消え失せてしまいます。もちろん責任感もなくなります。ほとんどの文章は、最初誰が書こうがそのままオープンになることはありません。ヒラ社員が書き、係長、課長、部長に回されてハンコが押され、場合によってはさらに弁護士がチェックしたりする。

それが本来顧客に向けて伝えるべき言葉であっても、誰も顧客のことなど考えておらず、「とにかく社内の稟議を通す」ことが文章の目的そのものになってしまうのです。

●責任回避のためのまやかし語

「誤解を恐れずに言えば」

もよく聞きますが、そのたびにカチンと来る言葉です。

「私は勇気を出して、正しいことをあえて言いますよ」というようなつもりで使っているのかもしれませんが、まったく意味不明のことがほとんどです。

先ほど紹介した安冨歩さんの『もう「東大話法」にはだまされない』に、素晴らしい例文があったので、引用します。安冨さんが「東大話法の代表的な使い手」「立場主義社会を守る『立場』にいらっしゃる」と、「評価」している経営コンサルタント藤本篤志氏のインタビューからの引用です。

「若手のサラリーマンは、会社の歯車なんです。上司の指示通りに黙々と働くべきです。

人は誰しも『自分らしさ』を大切にしたいと考えます。しかし、誤解を恐れずに言えば、若いころは自分らしさを捨てたほうがいい」

藤本さんという人は、「達成感がないとか、自分らしさを探したいとか、スキルアップとかわけのわからないことばっかり言ってすぐ会社をやめちゃう若者」に喝を入れているコンサルタントということらしい。

傍点部の意図は、「こう言うと、私が『人間は自分らしさを大切にしたいと思ってはいけない』と言っているように思うかもしれませんが、そう誤解されることは覚悟していますよ」ということでしょう。けれど誰が読もうが、「誤解」などする余地はありません。単に「若い人に自分らしさはいらない」と言っているだけで、なにをどう「誤解」されることを「恐れない」と言っているのか、私にはさっぱりわかりません。

安冨さんは「東大話法の使い手が『誤解を恐れずに言えば』と言い出したら、だいたいなにか変なことを言っていると思ったほうがいい」と警告しています。

「誤解を恐れずに言えば」は、どうも「あえて言いにくいことを言う」という場合の単なる枕詞がわりに使われることが多くなっているようです。誤解されたくないなら、誤解されないような言葉で言えばいいし、それができないのならば言うのをやめればよろしい。

「私の意見に反感を覚える人がいても、それはあなたが私の真意をなにか誤解しているからなので、批判しないでね」という言い訳をするために使っている人もいるとすれば、結局これも「責任回避」が目的なのだと思います。「誤解する人は理解力がなくてアタマが悪い」と言っているようにも聞こえます。

●断言を避けるための「かな」が多すぎる

「個」がない、「責任をとりたくない」という意識は、近ごろさらに一般にも広がっているような気がしてなりません。

その一端が、テレビを通して聞くことが非常に増えてきてい**「〜かな」**という言い方です。

たとえばスポーツ選手が「勝利できた理由」を問われて、

「練習方法を見直したことも結果につながったのかなと。このまま頑張っていけたらいいのかな、と思います」

なぜ、こんなに「かな」が多いのだろうと不思議です。気にしだすときりがなくなるので、なるべく聞き流すようにしていますが、街頭インタビューで一般の人が話しているのを聞いていても、この「かな」のオンパレードです。

「こんどの連休は身近な場所で楽しめたのかなと思います」

「アウトレットで買い物ができてよかったのかな、と思います」

「天気もよかったのかな、と」

って、どれだけ「かな」が多いの！

いずれも単に自分の行動、感想を話しているだけなのですから、本来「かな」はまったくいらないはずです。「自分でも勝てた理由は実はよくわからない」とか、「本当に楽しめたのかどうか実は疑問」ということではないはずです。しかし、なぜか「これが結果につながったのだと思います。このまま頑張ります」「連休は身近な場所で楽しみました」ではない。本人はたいして意識していないのでしょうが、「言い切る」ことを恐れているように感じてしまいます。

「断言」しなければ、他の人から何か言われても「それは私の思い違いかもしれません」という逃げ道を残すために「かな」をつけておこう、という印象がとても強くなります。

「自分的には」

もよく使われるのですが、これも「逃げている」印象が強い。「私は」と言いたいのに言いにくい、「自分は」と言い切るのはなんとなく気が引ける、断言するほどは自信がないし、他の人はそう思わないかもしれないし……という、どこか逃げ腰で、逃げ道を作りたいような感情がどこかにあるのでしょう。

「他人ごとではなく自分ごととして考えたい」

これも不思議な違和感があります。

そもそもの話をすれば、国語辞典に「たにんごと」「他人事」という言葉はありません。「人事（ひとごと）」があるだけです。

「人事」だと、「会社の人事」と感じる人が多いので、あえて「他人事」と書いて「ひとごと」と読ませる、という慣例はありますが、正しくは「たにんごと」という読みも言葉もないのです。

まあ、誤用であっても使われているうちにいつかは辞書に載ってしまう、ということもあるのでしょうが、私が気になるのはむしろ、「自分ごと」のほうです。

そもそも誤用の「他人ごと」と対比して「自分ごと」と言うのは違和感の上塗りで、もはや気持ちが悪い。「自分ごと」っていったいなんなのでしょうか。まあ、なんとなく「当事者意識」のような雰囲気を表したいのでしょうが、いかにも「きれいごと」な言い回しです。

「私たちはこうした環境問題を他人ごとではなく自分ごととしてとらえることが大切なのではないでしょうか」

なんて言われたところで、何も心には届かない。まず「私たちって誰よ」「自分ごと、とか言うけれどあなたはどうとらえているの」としか感じない。こういう言い方こそが、まさに「ひとごと」だとは思わないのでしょうか。

これらの「違和感」というのは、私の個人的な感覚ですが、もしも「なんかこういう言い方って腹がたつな」「カチンとくるな」と感じたら、自分なりにその違和感や不快感がどこから来るのか、自分ならどういう言い方をするだろうか、と考えてほしいと思います。

こうした感覚を持てば、なんとなくもっともらしい官僚語にコロっとだまされることはないでしょう。

5章 危険な「絆」

●世の中にあふれる「絆」

最近、といってももう10年以上前からになりますが、「絆」という言葉があふれています。

昔からある言葉ですし、以前はなんの違和感も感じていませんでした。

ＪＫＡの会長だったころ、当時小泉政権下で財務大臣だった谷垣禎一さんに会いに、大臣室を訪ねたことがあります。谷口さんが大の自転車好きだったのでその魅力を聞きに行ったのですが、ひとつよく覚えているのは、谷垣さんが「絆」という言葉をつかったことでした。残念ながら文章全体は覚えていないのですが、とても新鮮に響きました。

「絆」というのは、本来は家畜をつなぐための綱、そこから「しがらみ」や「束縛」の意味を持つようになった言葉なのだそうです。

当時それを知っていたわけではないのですが、谷垣さんは、最近使われるような

「人同士のつながり」の意味で、うまく使っていたのが印象に残りました。

それからさらに10年以上がたったころから、世の中が「絆」という言葉だらけになりました。

きっかけになったのは、やはり東日本大震災のあとだったように思います。２０２１年以降の読売新聞の全記事に「絆」という言葉が出てきた記事が何本あったかを調べた結果を見てみると、１９９３年には１０００件以下、２０１０年には４４００件だったものが、震災が発生した２０１１年には８６００に増え、２０１２年にはほぼ1万件になっています。震災以前の用例はほとんどが「家族の絆」という形で使われていたようですが、震災後は、「地域」や「住民同士」の結びつきや、被災者と支援する側の信頼関係といった意味でも、非常に広く使われるようになったようです。

新聞記事の調査でこれだけ増えているのですから、当然、テレビや雑誌などのメディア、コマーシャル、ネットなど、それこそ「絆」の大インフレで、今や、災害支援や防災とはまったく関係のない場面でも、使われつづけています。

これは、コロナ禍で登場した「三密」とか「ソーシャルディスタンス」など、やがてだんだん使われなくなっていくような言葉とはまったく違います。

●孤独を恐れ、絆をほしがる理由

日本人はなぜか「絆」という言葉が大好きになってしまったらしい。

「絆」を口にする人はいい人で、やさしくて、人とのつながりを大事にする人だ、とでも思っているのでしょうか。

家族の絆に地域の絆、同級生の絆に、会社に入れば同期入社の絆やら、先輩後輩の絆。同じ趣味を持つ人同士も絆で結ばれているらしい。

なぜ、これほど世の中に絆という言葉があふれたのでしょう。

私は2014年に『家族という病』という本の中で、「家族」を盲信する日本人について書き、なぜ私が家族にあえて背を向けて生きてきたのかを書きました。この本はありがたいことに多くの人に読まれましたが、批判もありました。私が昔ながらの「家族愛」「一家団欒への夢」を否定することは「けしからん」「文化の破壊」「可哀想な人」ということのようでした。

私は何を言われようとまったく気になりませんが、やはり家族に依存し、親子が依存しあう一家団欒が「夢」「理想」である人もけっこう多いのだなあ、と思ったものです。

どんな家族をつくろうが、それは当事者の勝手ですから、人の家族のありかたをすべて批判するつもりはないけれど、私自身の意見は昔も今も変わりません。

この本は震災後の２０１４年に出したものですが、「絆」という言葉には言及していません。

けれど、今あらためて考えてみると、私は家族を含めて、ある集団に所属したい、していないと安心できない日本の社会に強い違和感を感じていて、「絆」という言葉の氾濫に危惧の念を抱いていたということに気づきました。

確かに大災害のあと、日本中、世界中が国レベルから個人レベルまで、それはたくさんの支援が行われました。被災地でもその他の地域でも、支援や防災についても「地域の絆」「家族の絆」の大切さが認識され、強調されるようになります。

その中で「絆」という言葉はひとり歩きをはじめて、急拡大したわけです。

被災者支援やさまざまな地域の協力、ボランティアへの参加は、当然良いことで、むしろもっと継続されていくべきです。

しかし継続しているのは「絆」という言葉だけの拡大のように思います。

●「絆」は「しがらみ」でもある

先ほど、絆の本来の意味は「縛り付ける」だったと書きましたが、日本人というのは、ある集団に縛り付けられることをとても強くのぞんでいる。

縛られていないと安心できないのです。「もっと自由でありたい」「なにものにも縛られたくない」と願うのではなく、「縛られたい」のです。

高度成長期、会社に言われるがままに馬車馬のように働いたサラリーマンは「企業戦士」と呼ばれました。90年代近くになっても「24時間働けますか」という栄養ドリンクのコマーシャルもありました。でもバブルが崩壊して、就職氷河期を迎え、終身雇用制・年功序列制が崩れはじめ、ブラック企業が問題になり、非正規雇用が増え、そして「大企業に所属しずっと守られる」ことが幻になっていったとき、多くの若者たちは、なんとか「絆」を見つけようとしはじめたのかもしれません。

けれど「バイトでお金を貯めて世界一周放浪の旅」に出る、というようなものではなかったようです。むしろリアルな人間関係の中だけではなく、手のひらのケータイでつながれるネットの中を探したのかもしれません。

人間同士のつながり、信頼関係、助け合いや親切、めぐりあう縁というのは、大切なものだと、私も信じています。ただ私はそれを家族や会社に求めなかったということです。そんなものからは自由でいたいし、「しがらみ」のようなものはまっぴらだと思っている。

でも、多くの人はその「しがらみ」がないことが不安なのでしょう。

そうしたころに、大震災が起き、「絆」という言葉が登場してきた。それに日本中が飛びついてしまったかのようです。「絆社会」とかいう言葉まで生まれました。

絆、絆と叫び続けていれば社会がよくなるかのようなありさまです。

これは、自らの自由を放棄する、と言っているようなものです。

こんなに危険なことはないと、私は思います。縛ってほしい、規制してほしい、ルールを決めてほしい、と願っている国民ほど管理しやすいものはありません。

「絆」なんて言葉ばかり使っていると、ろくなことはない。

私は『極上の孤独』という本を書きましたが、孤独を恐れる必要はないし、孤独ほど自由なものはないと思っています。他人に無理して合わせるくらいなら私は孤立を選び、孤独を楽しみます。

死ぬときだって、自由に生きた結果なら、のたれ死にでもかまいません。人間死ぬときは一人なのですから。

●孤独とは束縛のない自由のこと

ひねくれていると言われるでしょうが、お土産とか、お歳暮・お中元、年賀状もほとんど送りません。日本人はなにか送られるとすぐさま「お返し」をしなければいけないと思うし、うっかりすると「お返し」が行ったり来たりして終わらなくなります。「いい文化だ」という人もいるかもしれないけれど、お歳暮・お中元も、年賀状も、ほとんどの場合が「会社の文化」が多い。個人に送るものではなく、「○○会社の○○部長」という立場、肩書に送っているだけで、退職するとぴったり来なくなるものがほとんど。あんなものは文化でも人間的なつながりでもありません。

「絆」という名の、束縛としがらみなんてまっぴら。こんな言葉をえんえんと使っていると、本当に「絆」とやらに依存しなければ生きていけない人間ばかりになってしまうでしょう。

いろいろなものにがんじがらめになって、しがらみだらけになることは、幸福でもなければ自由でもないし、個人の尊厳なんてどこにもなくなってしまいます。

●「国に決めてほしい」という危険な希望

コロナ禍のときも同様のことを思いました。

コロナウィルスは世界中を襲い、その対応は国によってまったく違っていたものです。初期に流行が拡大したイタリアの対応、ゼロコロナ政策を押し通した中国、ＩＴを活用して非常に迅速、かつ柔軟に対応した台湾など、ニュースを見て「これほど違うものか」と驚いたものです。

当時私が感じたのはやはり不思議な、「日本社会への違和感」でした。

とにかく「政府に決めてほしい」「政府はもっとはっきりメッセージを出せ」「外出、

外食の基準をきちんと決めてくれ」という声がとても目立った。

当時の状況を考えればいたしかたない部分もあっただろうとは思いますが、とにかく「政府」というか「お上（かみ）」の指示を待ち、その指示が遅いと怒る、ということばかりだったように思います。

そしていったん「こう」と決められると、たとえばマスクにしても「かけていない人を殴る」といったことまで起きた。みんなと違うことをする人をけっして許さない。外食や外出の「自粛要請」という「命令」ともなんともつかないものが出れば、きちんと守り、少しでもそれを守らない人があれば集団リンチのように攻撃する。

政府の自粛要請に応じることが「社会の一員であることの証明」だと思っているかのようでした。

そのあげく、中国政府の徹底的なゼロコロナ政策を称えるようなことを言う人までいた。結果的には成功しませんでしたが、その政策の徹底ぶりは独裁国家にしか決してできないものでした。すべての行動を把握できるアプリを全国民のスマホに入れさせて感染リスクを把握し、ある地域で高リスクの人が見つかると地域全体がすぐさま封鎖されて着の身着のまま一歩も動けなくなる様子もしばしば伝えられていたものですが、中国を見習ったほうがいいとさえ言う人がいました。

これは恐ろしいことだと思う。

「政府に決めてほしい」と思うのは日本人特有の感覚なのではないでしょうか。

少し古いけれど「指示待ち族」という言葉がありました。会社内で、上司の指示がないとまったく動かない、自分で考えて仕事をしない、という若手社員を指した言葉ですが、若手に限らず、日本人全体が「指示待ち」なのです。市民は会社や政府の指示を待ち、企業も地方自治体も政府の指示を待っている。企業内の仕組みも役所の中の仕組みもみな同じです。組織はみんな「縦割り」で、いくら改善の必要がある、という指摘があってもまったく変わりません。縦割りのほうが「指示」は流れやすいからでしょう。

どんなにパワハラが社会問題になったとしても日本社会は「上下関係」が大好きな

のです。そして、それぞれの人が肩書好きで、集団内に守るべき立場がほしいのです。国にしても最終的にはアメリカの指示待ち。そんな体制が当たり前になっていることに不安を感じざるを得ません。

6章　アナウンサーの言葉と生きた言葉

●私は標準語と大阪弁のバイリンガル

私は父が陸軍将校で、幼いころは転勤ばかりでした。生まれたのは陸軍の第14師団があった栃木県の宇都宮市。父は東京生まれの東京育ちで、実家はずっと東京にありました。そのあとは仙台、千葉、大阪。9歳からは奈良県に疎開しました。父が八尾の飛行場の責任者になったためです。大阪で大阪弁が使えないと友だちに遊んでもらえないのですっかり大阪弁が身につきました。そのころから家では標準語、学校では大阪弁というバイリンガルでした。そして八尾で敗戦を迎えます。

その後、父の実家の東京に戻り、大学卒業後NHKに就職しましたが、子どものころから、標準語と大阪弁を使い分けていましたから苦労はありませんでした。

標準語というのは、ごぞんじのように「東京弁」ではありません。江戸っ子の言葉に代表されるような歯切れのいい言葉が「東京弁」「江戸弁」です。標準語は、明治維新のとき、日本国内で共通の言葉が必要だということで、東京の言葉を中心に作られたものです。

江戸弁を美しく話す人というならば、作家の幸田文。幸田露伴の娘として知られています。その言葉も着物姿も、非の打ち所なく素敵な方でした。


私は大阪弁が大好きです。東京にいると、つい、テレビで芸人さんだけが使うものすごく速いテンポでしゃべりまくる言葉のように感じてしまうかもしれないけれど、日常の大阪弁はほんとにあたたかくて情のある言葉です。「なんでやねん！」だけが大阪弁じゃありません。

私は機械的で人間味のない「標準語」が好きではないけれど、江戸っ子の言葉に限らず、日本の方言にはほんとに素晴らしい表現力を持つものが多いと思います。

特に大阪弁のもつニュアンスは東京弁にはないものが多い。「私はあなたが好きです」も、大阪弁で「うちあんたのことほんまに好きやねん」なんて言われたら、「ああ、ほんとにこの人は自分ことが好きなんだな」というのが、すごくよく伝わる。

地方で生まれ育ち、進学や就職で東京に来るとき、多くの人は「方言が出ないように」気をつけると言います。なまりがあることをコンプレックスと感じる人もまだ多いそうです。

でも、方言を持っているということは「故郷」を持っているということです。東京生まれ東京育ちの知人は「帰省できる故郷がないことが寂しい」と言います。地方出身の友人と会っていたとき、たまたま友人の携帯電話が鳴り、友人が電話で故郷の友だちと話し出したとたん、普段の会話ではまったく出さない国訛りになったのを聞き、心から「いいなあ」と思ったそうです。友人は「故郷の友だちと話すとすぐに言葉が戻っちゃう」と笑いながらも恥ずかしがっていたそうですが、それが「方言」「故郷」というものです。私も大阪の友人と話すと、すぐにアクセントから言い回しまで大阪弁になります。

せっかく「方言」と「故郷」を持っているのなら、それを恥じることなく、むしろ活用してほしいし、場合によっては「武器」にもなります。

村山元首相は「そうじゃのう〜」という大分弁で大いに得をしました。故渡辺美智雄さんの栃木弁も、また田中角栄元首相の越後弁も、ときには自然に、ときには「戦略的」に使いわけていました。村山さんの場合は戦略というより、天然だったかもしれないけれど。

活字の場合もセリフなど方言を使うことでリアル感が増します。

それにつけても、岸田前首相の話のつまんなかったこと！「聞く達人」を自称しておられるようですが、「聞くだけ」ではなんの意味もありません。

●いつの間にか「ラジオみたい」になった話し方

ただ、今でこそこう言っている私ですが、9年間勤めたNHKを退職してからほどなく、人前で話す機会があったとき、それを聞いた人から「ラジオを聞いているみたい」と言われたことがあります。私が嫌だと思いながら続けていたNHKの「標準語」が9年の間にしみついてしまっていたのでしょう。あれほど「人間味がない」「あたたかみがない」「冷たい」と嫌った標準語なのに、いつの間にか私の話し方は「NHKっぽく」なってしまっていた。「ラジオみたい」と言ってくれた人は、「滑舌がよくて聞きやすい」といった褒め言葉のつもりだったようですが、私にとってはショックな言葉でした。

「9年の間に私は自分らしさを失いはじめていたのかもしれない」とはっきりと感じ、これからは、ほんとうに私らしい話し方をとりもどそう、そのために私らしい生き方をしよう、と強く思いました。

アナウンサーの仕事が好きじゃなかったと言えば、「じゃあなんであなたアナウンサーになったの」と思うでしょうが、要するに就職難でしかたなく、というのが実際のところなのです。大学で日本文学を専攻していたし、言葉に関わる仕事につきたいと思って、出版社か新聞社に入りたかった。でも当時大手の出版社も新聞社も女性の募集なんかぜんぜんありませんでした。ほかに言葉に関係のある仕事、といえば放送だった。ちょうどほとんどの民放が開局した年で、アナウンサーという仕事の募集があることを知りました。よくわからないけど、とりあえず受けてみたらＮＨＫに決まってしまったので入ることになりました。

ただ入ってすぐから、「5、6年でやめよう」と思っていました。アナウンサーになってみて、この仕事に、私はかなりストレスを感じたし、「私がほんとうにやりたいことじゃない」という思いはどんどん強くなっていったからです。ＮＨＫというところは、ある意味でとても居心地のいい場所です。

じつは私は、もともと歌が好きでオペラ歌手になるのが小さいころからの夢でした。習ってもいたのですが、私は当時37キロくらいしかないやせっぽちで背も低い。先生に「あなたにはオペラ歌手になるための『楽器』がない」と言われました。オペラ歌手のための楽器とはもちろん体のことです。こればかりはしかたがないと思って、オペラ歌手の夢はあきらめました。

●ＮＨＫでの唯一の「役得」

でもＮＨＫに入ってみたら、すごくうれしいことがあった。ＮＨＫが放映するクラシックの演奏会、オペラの公演をタダで見られるのです。当時は海外からくる有名なオーケストラ、指揮者の公演も、オペラもだいたいＮＨＫが放映していました。自分が担当する番組のときはもちろんですが、そうではないときも技術のスタッフに紛れ込んだりして見に行くことができた。

当時日本で、本場のオペラを聴く機会などまずなかったのですが、ＮＨＫは１９５６年から数年に一度、都合8回にわたり「イタリアオペラ」として、有名なオペラ歌手をつぎつぎと招いた公演を主催していました。「イタリア歌劇団」と称されてはいましたが、「ミラノスカラ座」などをスタッフ、オーケストラごと招聘するいわゆる「引っ越し公演」ではなく、マリオ・デル・モナコ、ジュリエッタ・シミオナート、ティト・ゴッビ、レナータ・テバルディ、レナータ・スコットといった名歌手たちが招聘されて、オーケストラはＮ響、コーラスやバレエなどは日本人というものでした。とはいえ、この公演で日本人の多くが「椿姫」「トスカ」「リゴレット」「道化師」「アイーダ」といった有名なオペラに触れるきっかけとなったのです。

当時としてはまるで夢のようなこの公演も見たいだけ見ることができました。

「人の原稿を読むアナウンサーではなく、自分自身の言葉を使いたい、文章を書く仕事をしたい」と願って、私は９年でＮＨＫを退職しましたが、退職後唯一「しまった！」と思ったことといえば「超有名な世界のクラシック音楽がタダで見られなくなった」ということでした。退職して初めてわかったのは、来日公演のチケットの高さ。とても手が出るようなものではありませんでした。

退職を後悔したことはないけれど、「タダでクラシック聴き放題」の環境を失ったのだけは残念でした。でも、「これからもどんなに高くても見たい公演には絶対に行く！　そのために仕事をがんばろう」と思いました。

それ以来、今にいたるまで「なんでこんなに高いのよ」「いくらなんでもこの値段はないわ」と怒りながらも、行きたい公演のチケットはどんなに無理をしてでも買っています。

つい話が脱線してしまってごめんなさい。

●ニュース原稿はすべてＡＩに読ませなさい

私はアナウンサーの仕事がどうしても好きになれませんでした。「他人が書いたニュース原稿を一字一句変えることなく読まなくてはいけない、という仕事がどうしても納得できず嫌でした。だから、自分で好きなように表現できる物書きになりたいと思ったのです。

それにしても最近のアナウンサーは、よく読み間違えること。最近は読んでいるときにつっかえたり、とちったりすることを「噛む」と言うようようだけれど、もう「噛みまくり」です。これはＮＨＫも民放も変わりません。他人が書いた原稿を読むのは好きじゃない、などと言っていた元問題児の私だって、こんなに間違えなかったと思うのですが。

私は標準語がけっして好きではないし、あれを「正しい日本語」とも「美しい日本語」とも思ってはいませんが、標準語も時と場合によって必要であることは確かです。地域ごとの言葉を持っている多くの人に、同時に大事なニュースを伝えるときには「とりあえず誰にでも理解しやすい標準語」は便利です。だからこそ私はニュース原稿は、絶対に読み間違えないＡＩに読ませればいい時代が来ると思っています。

このところＮＨＫでも「ＡＩ自動音声」でニュースを読み上げているときがあります。私はこれ、どんどんやってもらいたいと思っています。昔の自動音声はかなり不自然でしたが、最近のＡＩはほんとに優秀です。わずかな違和感を感じることはあるものの、非常に聞きやすくてニュースにぴったりです。ヘタクソなアナウンサーに読まれるよりずっといいし、アナウンサーも自分の言葉で話す技術のほうを磨く時間を増やせるはずです。

●山田太一さんの言語感覚

忘れられないドラマがあります。

つい先日も再放送されていましたが、1981年にTBSで放送された「想い出づくり。」というドラマで、脚本は山田太一さん。出演したのは森昌子さん、田中裕子さん、古手川祐子さんなどで、「結婚適齢期」と言われた世代の3人の女性たちが結婚前に「想い出」をつくろうとするというストーリーです。

これ、実は私が書いた『ゆれる24歳』(講談社)という本が原案になっています。別に本をそのままドラマにしたわけではないのですが、発想の参考にしたということでプロデューサーの大山勝美さんが訪ねて来て、ドラマのタイトルやエンドロールにもクレジットしてくれました。

完成したドラマを見て、まずびっくりしたのは「想い出づくり。」というタイトルでした。これは山田太一さんがつけたそうです。

たいへん面白いドラマでした。私の『ゆれる24歳』はどちらかと言えばノンフィクション。ドキュメンタリータッチの本で、当時「結婚適齢期」と言われた24歳前後の女性たちが、どんな気持ちで日々暮らしているのかを取材して書いたものでした。この世代の女の子たちと食事をしたり飲んだりしながら、長い時間ずっと話を聞きました。24歳が適齢期、と言われたころ、23歳くらいになった女性たちのほとんどは「24歳くらいまでにそれなりの相手と結婚してあとは家に入る」ことが当然で、そこで嫁に行けなかったらあとは「売れ残り」として悲惨な人生が待っている、くらいに思っていました。

「とにかく適齢期のうちに結婚したい」と思いながらも、よく聞いてみると結婚前に「思い出がつくりたい」と口をそろえて言うのです。私は適齢期なんて考えたこともなく、好き勝手に生きていましたから「思い出ってつくるものじゃないでしょ」「自然にできて、後から思い出すものじゃないの」と思ったのですが、彼女たちはそれを「つくりたい」と言っていた。

彼女たちが「つくりたい」と願っていたのはふたつ。ひとつは「恋愛」です。結婚する前に「素敵な恋愛」がしたい。その恋愛のあとで、「思い出」を胸に秘め、高収入で家柄の良さそうな別の人と結婚したい。「恋愛と結婚は別だから、結婚の前に恋愛がしたい」と言うのです。そしてもうひとつは「旅行」でした。まだ今ほど気軽に海外旅行など行けない時代だったし、結婚したらますます好きなところに行くことなんかできないだろうからと。

彼女たちの多くが結婚前に「恋愛」と「旅行」という思い出をほしがっていました。私は彼女たちが、「思い出をつくりたい」と言っていたのを何度も聞き、本の中でもそれを書いていたにもかかわらず「思い出ってつくるものじゃないよなあ」と思っただけで、本のタイトルは『ゆれる24歳』としました。

けれど山田太一さんがつけたドラマのタイトルは『想い出づくり。』だった。

それを知ったとき「やられた〜」と思いました。私の本の中から、「思い出をつくりたい」という彼女たちの言葉を、ドラマにもっともふさわしいキーワードとして拾い上げたのです。そして「想い出づくり」という「新しい言葉」をタイトルにした。素晴らしいと思いました。同時に、私自身が毎日のように彼女たちから「思い出をつくりたい」という言葉を聞いていたのに、それがキーワードになり得ることに気づかなかった自分が情けなかった。

「想い出づくり」という言葉はドラマを超えて一種の社会現象にさえなりました。今でも生きています。

私自身は昔も今も「思い出」はつくるもんじゃないと思っているけれど、当時彼女たちの心情を表すのにこれほどぴったりくる言葉はなかったと思います。

●「毎日10秒の挨拶原稿」で自分を変えた

ＮＨＫに入って2年間の名古屋支局勤務を終え、東京に戻ってからもアナウンサーの仕事は好きになれませんでした。

東京で最初に担当になったのは「番組紹介」です。ニュースの前に流れるわずか10分ほどの番組。

もちろん台本があります。番組を紹介する部分は、時間や内容などを間違えてはいけませんから台本があるのは当然なのですが、冒頭の「挨拶」も台本に書いてあります。要するに「みなさまこんばんは。お元気でおすごしでしょうか、では今夜の番組をご紹介します」といった原稿を渡されるわけですが、私は最初これが本当に嫌でした。「毎日こんなものを読むために電車に乗って局に通わなくちゃならないのか」と、心からうんざりしました。冒頭の10秒間だけはアナウンサーの顔が画面に映るわけですが、来る日も来る日も、同じ挨拶。ほかのアナウンサーが担当するときも原稿は同じ。

見ている人だって、無表情でつまらない挨拶を聞いても、面白くもなんともないでしょう。

こんな原稿をいやいや読んでいたら、自分がダメになってしまうと思った。だから、せめて挨拶だけは毎日変えようと決めました。必ず、今日は昨日と違う挨拶を、明日は今日と違う挨拶をしようと決めて、それを自分に課したのです。

たとえば秋も深くなってきた日なら「みなさまこんばんは。今朝、日比谷公園を通りましたら、サルビアの赤が深くなっていました」、梅雨明けのころには「遠くで雷が鳴っています。梅雨明けも近いようです」とかね。

たったそれだけですが、放送の10秒というのは短いようでとても長い。じつはずいぶんいろいろなことを言えるものです。毎日絶対に同じことは言わない、と決めて始めてみると、「今日は何を言おうか」と考えるのがだんだん楽しみになってきました。

あんなに嫌で嫌で仕方がなかったのに、局に行くのが楽しくなってきた。

すると見ている人はちゃんと見ているものです。視聴者から「あの挨拶が面白い」というはがきが届いたこともありました。

そのうちに先輩のディレクターやプロデューサーの中にも「あの子は他の子と違う」と思ってくれた人が増えてきて、それから仕事の幅はうんと広がりました。

「そうか、自分で考えればいいんだ」「自分がダメになるのは職場や、まわりの人のせいではない、自分が自分をダメにするのだ」ということがはっきりわかった。

言われたとおりにだけやっていても、何か教えてくれるのを待っているだけでもだめ。どんなに小さいことでも自分で考えてやってみればきっと道は開けるはずだと思います。

NHKに入ってから何年間か教えられたのは、正しい用語、アクセント、イントネーション、間違えずに読むための技術ばかりです。

たったひとりだけ「自分の言葉」の大切さを私に教えてくれたのは、先日亡くなったアナウンサーの先輩、鈴木健二さんでした。鈴木さんという人は、本当に多才な人で、哲学でも美学でも文学でも歴史でも語れる。台本もいくらでも書けるし、恐ろしい記憶力の持ち主だった上、大変な読書家で、私にもいろいろな話をしてくれました。

あるとき「私は今後どういうふうに仕事をしていけばいいでしょう」と聞いた時、鈴木さんはこう応えました。

「あなたは、自分が見たこと、聞いたこと、自分が感じたこと、それだけを話したり書いたりしなさい」。

私は、ＮＨＫを辞めてからも、書く仕事をするようになってからも、それを忠実に守っています。

言葉というのは、そこが原点だと思います。人間は言葉をつくったけれど、言葉が人間をつくるし、話し方とは生き方そのものです。だからどんなことを話すときも書くときも、私の言葉でなくてはいけないし、それに責任を持たなくてはいけない。そこから逃げようとしてはならないと思います。

いくら工夫しても努力しても、やはりアナウンサーという職業は「私」ばかりを前に出していては仕事になりません。とくに私の時代はそうでした。だから、結局9年で退職しましたが、今でも私はものを話すときも、書くときも、鈴木健二さんの言葉を時折思い出しています。

●能登半島地震で驚いたアナウンサーの言葉の力

人によってはきちんと「こう感じました」「私はこう思います」と、自分の目で見たこと、感じたことを自分の言葉で伝えようとしている人もいます。むしろ若い人に多いと思います。

最近印象に残ったのは、能登半島地震を伝えたNHKの山内泉アナウンサーです。

「今すぐ逃げること！　高いところに逃げること！」

元日夕方のテレビ画面から響いたこの大声にびっくりした人は私だけではないでしょう。

●2024年1月1日　NHKの能登半島地震での呼びかけ

○午後4時13分（津波警報発表）
「津波警報です。津波警報が出ました。すぐに逃げてください」
○午後4時16分
「東日本大震災を思い出してください」
○午後4時18分（緊急地震速報）
「情報はラジオやスマートフォンでも入手できます。テレビを見ていないで急いで逃げてください」
○午後4時22分（大津波警報発表）
「大津波警報が出ました。いますぐ逃げること！」
※以下は中山里奈アナウンサー
「いますぐ可能な限り高いところへ逃げること！」

「決して立ち止まったり引き返したりしないこと！」

「これなら伝わる」と思いました。ぎょっとするほどの切迫感、危機感があったし、「とにかく逃げてほしい」という気持ちがちゃんと伝わりました。

人によっては「命令口調が怖すぎる」「恐怖心をあおりすぎだ」「感情的すぎる」などという批判もあったらしいのですがとんでもない。すばらしい呼びかけだったと思いました。

あとで聞いたところによると、山内さんという方は、２０１７年の入局後2年間、金沢支局勤務だったそうです。初任地だった能登での災害だっただけに、危機感はより強かったのかもしれません。金沢時代から評価が高く人気のある人だったそうですから、地元の視聴者のなかには「あの山内さんがこんなに必死になっているのだから逃げよう」と思った人も多かったでしょう。

かつては、どんなときにもアナウンサーは落ち着いた声で伝えなくてはいけない、とされていましたが、最近はＮＨＫの内部でも「避難の呼びかけ」についてはさまざま検討されてきたそうで、あるていど感情を出したほうがいい、「逃げろ」といった命令語が一番強いが、それに次ぐ「◯◯すること！」といった念押しの言葉を使おう、ということになっていたそうです。

ある程度は、局内で決めておいたことであったにせよ、あれだけの強さで、それを伝えられたのは、山内さんの心底からの言葉だったからだと思う。

あの思い切りと度胸はたいしたものです。

この例に限ったことでなく、アナウンサーや記者のなかにも、視聴者に自分の見たもの、感じたものを、どうやって視聴者の心にまでとどけられるかを考え続けている若い人たちはたくさんいると思います。

それは、たとえ拙くとも、画面を見ていればちゃんとわかります。多少たどたどしくても、なんとか自分の言葉で話している人の言葉には力があるから、伝わるのです。

けれど、アナウンサーや記者として少し慣れてくると、すぐ「◯◯の対応が求められます」だの「成り行きが注目されます」という、主語がない言い方をし始める。それがなんとなく「一人前」な感じがするのかもしれませんが、それは大きな間違い。自分の言葉を失っていくことです。

7章

言葉の「自主規制」で失われるもの

●過剰になりがちな「言い換え」

メディアの言葉が最近無神経すぎる、ということを書いたのですが、昔からある分野についてはたいへん神経質です。まず、差別的な用語、そしてスポンサーの意向。差別的な用語の「言い換え」については、とにかく不用意に使用すると抗議活動が非常に激しいものになることもあって、「言葉狩り」と言われるほど過剰になることがあります。

「床屋」も「八百屋」も「肉屋」もメディアでは使いません。「屋」というのは侮蔑的な用語とされ、理容店、青果店、精肉店と言い換えなくてはならないことになっています。ただ「八百屋さん」といった言葉なら許される。

私生児は婚外子、孤児院は児童養護施設、裏日本は日本海側、ぎっちょは左利き、低開発国は発展途上国など、こうした「言い換え」は広い範囲で行われています。

納得できるものも中にはあるのですが、「片手落ち」という言い方は、手に障害がある人に失礼だということで「不公平」や「不用意」などに言い換えたり、「盲蛇におじず」ということわざを使わない、など必要性に疑問を感じるものもたくさんある。もちろんこれは法律で決められているものではなく、ほとんどの場合がメディア側の「自主規制」です。

メディアは多くの言葉を自主規制によって、言い換えたり、禁止してきたわけです。不当な差別はあってはならないことですが、差別的とされた用語を言い換えたり、使用を禁止することばかりが差別意識をなくすことにつながるとは思いません。むしろ、本質から目を背けてしまう結果になることもあります。私はつい最近までラジオ日本の番組審議委員をやっていましたが、最近は一時よりは少し余裕が出てきて、苛烈な言葉狩りのようなものは減りつつあるようです。

●「ポリコレ」「コンプライアンス」と自主規制

ただ「差別的」と判断して言い換えた言葉以外にも、「メディアの自主規制」は、どんどん増えています。

それがいわゆる「ポリコレ」、ポリティカルコレクトネスに（政治的に正しいこと、政治的妥当性）にもとづく「言い換え」です。これはアメリカが「発祥」で、「性、民族、宗教などによる差別や偏見、それにもとづく社会制度は是正すべき」とする考え方です。日本でも「看護婦」「保母」を「看護師」「保育士」と言い換えましたが、理由はどちらも女性に限った職業でないからということで、このへんはあるていど納得できます。

ちなみに、「スチュワーデス」は男性名詞の「スチュワード」を女性形にしたものでしたが、それを「キャビンアテンダント」「フライトアテンダンド」などに言い換えたのは、性差をなくすことに加え、もともとの「スチュワード」の語源に、差別的

な意味合いがあったためだそうです。(※語源はstigweardで「豚小屋の番人」を指していたとされる)

この言い換えはアメリカでももはや歯止めが効かないくらいになっているようで、挨拶冒頭の「ladies and gentleman」という呼びかけも、性の多様性に配慮して「Hello everyone」が多いそうです。

アメリカではクリスマスに「メリークリスマス」と言う人も減ってきているといいます。ではなんと言って祝うのか、クリスマスカードはどうするのかいうと、「ハッピーホリデーズ」が「正しい」のだそうです。「クリスマス」は「キリストのミサ」という意味ですから「メリークリスマス」はキリストの誕生を祝う言葉です。つまりキリスト教徒の挨拶だから、これを使うと、イスラム教徒、ユダヤ教徒、仏教徒は不快に感じるだろう、というわけです。

日本人は神社で七五三、学校はカトリック系、結婚式はプロテスタント系の教会、葬式は仏教と、まことに「おおらか」な宗教観なので、クリスマスだろうがハロウィンだろうが、なんの抵抗もなく「イベント」として受け入れてしまいます。

●アメリカで「メリークリスマス」が減った

しかし、アメリカではもはや「メリークリスマス」すらタブーのひとつになってきているのだそうです。

ただ、アメリカの場合は、「異教徒への配慮」と言いながら、実のところは左翼勢力による「アメリカ社会のキリスト教色一掃」が主な目的の、「キャンペーン」のようなものです。実際、アメリカに住むイスラム教徒などへのインタビューでも、「別にメリークリスマスと言われて不愉快になることはまったくない」「自分では使わないけれどクリスマスはイベントだから気にしない」という声が多いそうです。

民主党のオバマ元大統領夫妻はホワイトハウスのクリスマスデコレーションも宗教色を出さず、カードにも「ハッピーホリデーズ」を使ったそうですが、トランプ大統領は選挙戦の期間から「私はクリスマスが大好きだ。メリークリスマスの文字が見たい」と叫び、ツリーの点灯式では「アメリカ大統領として世界にメリークリスマスと言えてうれしい」と言った。

トランプ支持者の多くは、キリスト教福音派（プロテスタントの一宗派）という非常に敬虔なキリスト教徒たち、または伝統的アメリカを愛する保守層です。

だから彼らは「左翼」の抗議などものともせずに「メリークリスマス！」と叫ぶトランプを熱狂的に支持したのです。

日本ではほとんどの国民が先ほど言ったとおり、宗教についてはおおらかすぎるくらいで、人種もアイヌ民族と琉球民族以外のほとんどが大和民族のため、アメリカ社会における「ポリコレ」の複雑さを感覚的に理解することはできません。私もこうしたことは最近になってから『ポリコレの正体』（福田ますみ／方丈社）という本で知りました。

●「津波の映像」は控えるべきか

さて日本のメディアの「自主規制」のほうを見てみると、アメリカとはまったく違う理由で、理解できないものが非常に多いと感じます。

アメリカの真似をしてはじまった規制もあるのでしょうが、たとえば、

「これから津波の映像が流れます」

という注意書き。直後のことなら「配慮」も必要だったでしょう。なんとか情報を得ようとテレビを見ている被災者たちにとって、繰り返し流されるあまりにもショッキングな津波の映像を見るのはつらかったことでしょう。実際にそれによって体調が悪くなった人もいました。それは数年たっても同じことだったかもしれません。

けれど、その「配慮」は、震災から13年たっても変わらない。むしろ、本当に必要

だったときよりも、過剰に自主規制されているかもしれません。

津波の映像をむやみに流すことはないと思いますが、むしろあまり規制していると、あの災害が伝わらなくなる恐れもあります。

本当に必要があって流すのであれば、いつまでも「注意書き」を入れつづけなくてもいいのではないかと感じます。

「フラッシュの点滅にご注意ください」

というテロップも、97年にポケモンのゲーム中に、画面で光の点滅シーンを見ていた子どもが気分が悪くなったという「事件」がきっかけです。しかし記者会見などの中継の前にまで必ず入れつづけなければならないようなものでしょうか。要するに視聴者のクレーム対策というだけのことです。

タレントが温泉につかるシーンでは**「撮影のために特別にタオルを巻いておりま**

す」、食べ残した食事には「**残った食事はスタッフがおいしくいただきました**」、店頭でレポーターが試食する場合は「**特別に許可をいただいて店頭で試食しています**」。

そして歴史的にはっきりわからない話には「**諸説あります**」のテロップ。

「諸説あります」は、別に学術的な番組に限らず、「郷土料理の元祖」などでもよく使われますが、諸説あるなかでなぜこれを取り上げたか、ということはろくに説明もせず、とりあえず逃げるのはひきょうだと思いませんか。「どこが『元祖』なのか、番組でも調べてみたけれどわかりませんでした」と言ったうえで、「この番組では現在地元で一番有名なこの店を取り上げた」とすればいいのでしょうが、それは全部省略して「※諸説あります」と書いておけばいいだろう、という姿勢は、バラエティであってもやはり無責任だと思います。

災害時の「**安全な場所から中継しています**」も、言わずもがなです。

たしかに、とんでもないところにクレームをつける人というのは昔も今もいるもので、対応する人はたいへんだと思います。最近のほうがネットがあるぶん神経質にならざるを得ないことも、まあわかりますし、実際「うちが元祖だ!」と大々的に抗議活動をはじめる人もいる「かも」しれませんが。それがめんどうくさいのなら、そもそも取り上げなければいい。「テロップさえ入れておけばやりたい放題」とさえ感じられます。

●「このドラマはフィクションです」の起源

テロップといえばドラマ、映画でよくある、

「このドラマはフィクションです。実在の団体や人物とは関係がありません」

というおなじみのアレです。

プライバシーに配慮して、ということでしょうが、もともとは三島由紀夫の『宴の

あと』の裁判がその発端として知られています。『宴のあと』は小説＝フィクションですが、登場人物の野口雄賢のモデルとなったのは、当時東京都知事選に出馬した有田八郎氏でした。彼の抗議によって裁判になり、東京地裁は有田氏の訴えた「プライバシー権」を初めて認めました。

この裁判が注目されたことで、「プライバシーの侵害」という言葉は、流行語のようになりました。はじめてメディアとプライバシーということが社会的な問題になったのですね。

裁判は被告となった三島が控訴しているなか、原告の有田氏が死去し、和解にはいたったのですが、連載していた中央公論は最終回に「実在の人物とまぎらわしい面がありご迷惑をかけたむきもあるようですが作品中の登場人物の行動、性格などは、すべてフィクションで、実在の人物とはなんら関係ありません」という注釈をいれたそうです。

この裁判のあとから、テレビ番組の多くが「この物語はフィクションです」というテロップを入れるようになっていきます。

地裁の判決は１９６４年（昭和39年）のことでした。そのころ「個人のプライバシー」、とくに著名人のプライバシーというものは、まったく守られていなかったと言ってもいいかもしれません。最近の若い人には信じられないでしょうが、政治家でも芸能人でもスポーツ選手でも住所、電話番号はすぐわかったものです。電話帳にも載っていたし、今も毎年出ている『プロ野球選手名鑑』（日刊スポーツ）は、60年代は住所も載っていた。ファンにとってはファンレターの宛先として重要な情報だったのです。

若い人はびっくりするでしょうが、当時はこれが普通で、なんの違和感もありませんでした。

最近はマンションの住民名簿も住民全員に公開することがむずかしいし、学校の「連絡網」さえつくれないそうです。「ＬＩＮＥがあればじゅうぶん」ということなのかもしれませんが、時代は大きく変わったものです。

それがいいことなのか、よくないことなのか、いろいろな見方があるでしょうが、私は今の「風潮」全体がいいものとは思いません。そうせざるを得なくなってしまった社会状況が「原因」なのかもしれないけれど、さまざまな「自主規制」がそもそもの原因であった社会の環境を悪くしている、とも言えるでしょう。

「昔ながらの近所付き合いがわずらわしいから」とマンションに入居した人であっても、一昔前ならば「いざというときは住民同士で助け合う」ための連絡網や、住民の連絡先くらいはすぐわかったものです。けれど、今や管理組合にさえも電話番号を知らせることを嫌がる人も多く、「防犯上の理由」から、玄関にも郵便受けにも表札は出さない。10年住んでいるのに隣の部屋の人の名前も知らない、ということは珍しくないでしょう。プライバシーは守られているかもしれないけれど、別のものが失われることもあります。

●モザイクだらけになったテレビ画面

映像についても少し触れたいと思います。

メディアの「プライバシーへの配慮」はさらに近年過剰になっているように思います。プライバシーに加えて肖像権についても配慮が加わるため、画面がモザイクだらけになっています。

タレントなどが自分の判断で配偶者や子どもの顔を隠すのはまだわかります。でも、ハートマークなどで顔を隠してまで、家族の写真をネットにあげなくてもいいと想うのですが。

それよりも変なのはメディアです。タレントなどの学生時代の写真を紹介するとなったら、本人以外の顔はすべてボカす。昔撮ったクラス全体の写真なんか、本人が見たって誰が誰だかわからないのに、40人いれば39人ボカす。

車のナンバーはもちろんボカします。背景に映り込んだ車のナンバーまでていねいに消している。

ワイドショーでリポーターが事件の関係者取材に行けば、電信柱の住所はもちろん、住宅の外観もすべてぼかして、結局何を写すのかと思ったら「インターフォンのボタンを押すレポーターの指先だけ」だったことがあります。しかも取材結果は「応答はありませんでした」。これ、映像を流す必要があるでしょうか？　とにかく現場に行きました、取材に行きました、という証拠を残せばいい、ということなのかもしれません。

さらに昔のニュース映像を使う場合にも、一般の人の顔にはボカしが入っています。別に悪いことをしているわけでもないのに、「昭和の給食風景」とか「昔のディスコ」などといった映像でも顔は全員ボケボケ。

「散歩番組」でも、偶然映り込んだ通行人の顔によくモザイクがかかっています。

「人気タレントのランキング」のようなものを紹介するときは、タレントの写真を使わず「似顔絵」だの「写真を加工して似顔絵ふうにしたもの」を使う。これはプライバシーより「肖像権」と、カメラマンの「著作権」への配慮でしょうが。許可をとるのがめんどう、許可がとれても費用がかかるから「無難にイラスト」にしているわけですが、これも不自然だなあ、と思うことが多い。

●「スポンサーへの配慮」もほとんどが自主規制

「スポンサーへの配慮」でボカされるものもたくさんあります。

ＮＨＫの場合は受信料で番組をつくっているのでスポンサーに配慮する必要はないのですが、むしろ「特定の企業や商品の紹介にならないように」という点にものすごく神経質です。

これは昔も今もほとんど変わらない気がします。

子ども向けの番組で「牛乳パックでおもちゃをつくって遊ぼう」という場合なら、もちろん牛乳パックには白いテープが貼られてどのメーカーのものかわからないようになっているし、ニュース番組で企業を取材してインタビューをしていても、その企業が事件などの当事者である場合以外は、テロップにも原稿にも企業の名前は原則的に出しません。

「サントリーの社員」に社内で取材しているのに、「酒造メーカー社員」とされます。でも、背景に社名のポスターが映り込んでいたり、胸に社員証がついていたり、ということはよくあって、そこまでは許容範囲のようです。

ＮＨＫの場合は特殊な配慮ですが、民放の「スポンサーへの配慮」のほうが、ずっと神経質です。

たまたま取材中に映り込んだテレビ画面やポスターなどまでボカしてます。飲食店の中でお客さんに話を聞いているような場面で、客の背後の壁にポスターが映り込むことがあると、ごていねいにモザイクがかけられています。たぶん隠されているのはビールのポスターあたりなのでしょう。番組スポンサーがサントリーなのに、キリンのポスターを写しては、大事なスポンサーがお怒りになる、という配慮らしい。

テーブルの上のペットボトルも缶ビールのラベルもモザイク。

こうしたことは、別に番組スポンサーから言われてやっているわけではないことのほうが多いと言います。要するに自主規制なのです。「もしなにか言われたら困る」と気にするあまり、現場はほぼ自動的にボカしてしまう。しかも、映像の処理が最近は簡単ですから、編集の段階で「ちょっとでもマズそうなもの」はモザイクになってしまうのでしょう。

しかし、取材に応じた一般人の隣のテーブルに、同業他社のペットボトルのお茶が映っていたからといって、スポンサー企業がテレビ局に文句を言ってスポンサーを降りるでしょうか？　まず、言わないと思います。

現場が気にしているのは、上司とか、広告部。つまり「社内」だけです。スポンサーへの配慮でもなく、視聴者への配慮でもなく、「社内配慮」にすぎないものが多すぎると思う。

さらに、店内にテレビが置いてあることがあります。すると何らかの番組が映っているテレビ画面にモザイクがかけられます。これはいったい、何に対する「配慮」なのでしょうか。他局の番組が映っているから？　あるいは画面にタレントが出ているから？　よくわかりませんが「そういう可能性もあるのでとりあえず」のモザイクも多いのではないかと思います。

事件の容疑者の「手錠」もモザイクがかけられるのが通例です。逮捕されても容疑者のうちは犯人と確定したわけではないから、ボカすのだそうですが、「容疑者の顔」を映しておきながら、手錠だけボカしたところで意味はないと思うのですが。

実はこれ、調べてみたらいわゆる「ロス疑惑」がきっかけだそうです。容疑者の三浦和義は、報道各社をさまざまな理由で訴え、その多くで勝訴していますが、そのなかに「有罪が確定していないのに、手錠をかけられた姿を報道されたことは人権侵害にあたる」として各社を訴えたものがあります。

三浦容疑者は勝訴し、それ以来マスコミ各社の「手錠にモザイク」がはじまった。顔と実名については「犯罪報道は実名」という原則に沿っているということです。理由は報道への信頼に応え、再犯防止につなげるためなのだそうですが、その結果「顔と実名はＯＫで手錠だけモザイク」という、ワケのわからない「自主規制」が定着してしまったようです。

●「不快な映像」とはどういうものか

先ほど、津波の映像を流す際にテロップで注意書きが流れることについて少し触れましたが、映像にモザイクをかける自主規制も、行き過ぎだと感じるものが多々あります。

たとえば遺体です。なにも犯罪被害者の凄惨な遺体を見せろというわけではありません。遺族にとってもそれはたいへんなショックでしょうし、視聴者もそこまで見せないでくれ、と思うでしょう。

しかし本当に現場の悲惨さを知るための戦争報道であっても、遺体が映るものはまず使われないか、使ってもモザイクがかかる。残酷であっても見せるべきものは見せるのが報道でしょう。

戦争報道についてはさまざまな意見、考え方がありますし、現場も苦悩していると思いますから「全部映したほうがいい」と簡単に言うつもりはありませんが、もっと身近なところでの自主規制も気になります。

「わいせつ画像、映像」については、昔からよく話題になるのですが、私が最近気になるのは、「テレビ局が不適切と考えているらしい映像」の数々です。

たとえば、動物の解体現場。マグロの解体ショーは大々的に映すし、魚の「活締め」とか「血抜き」は「だから新鮮なんですね」などと、映しているのに、それが鶏とか豚、牛となるとまず映さない。魚はどんなに大きくてもOKらしい。

ちょっと最近驚いたのは、バラエティでしたが比較的ドキュメンタリーに近いもので、川の流域の動物を探す、というようなものでした。ロケ中に「たぬきの糞」があったらしいのですが、「ありました！　たぬきの糞です」など言っていながら、糞にモザイク。これ、なんの意味があるのでしょうか？？？　「食事どきだったから配慮した」とでも言うのでしょうか。

　メディアの中でも、「これはおかしい」と思いつつ、慣例に従わざるを得ないケースはあると思う。現場のディレクターはまさかモザイクがかけられるとは思わなかったものでも、編集段階の検討で「モザイク」になってしまったものもあると思う。でも「これは絶対ヘンだ」「映すべき」と思うものならば、きちんと議論して戦う姿勢は忘れないでほしい。

　一番よくないのは「そういうものだから」と、すべての自主規制モザイクを当然のもののように受け入れて、鈍感になってしまうことです。

　視聴者というのはけっしてバカじゃない。「こんなものを映してもらっては困る」

と文句を言ってくる人もいるでしょうが、そうは思わない人、あるいは「きちんと映すべきものは写せ」「モザイクが多すぎて不愉快」と思う人も非常に多いと思う。テレビ局を含めあらゆる組織は「文句を言ってくる人」の声のほうに敏感になり、過剰に反応します。

けれど、それを続けていたら、必ず本質を見失うと思います。

●皇室関連のメディア用語

皇室関連の敬語や敬称についても、各メディアが基準を決めています。

これはメディアによってかなり違いがありますが、「お帰りになられた」「ごらんになられる」など二重敬語は皇室であっても使わないとか、皇族に「殿下」はつかわない（例＝秋篠宮さま、とする）などなどが一応決まっている。

戦前の「玉音」「御料車」「思《おぼ》し召し」という言葉は、「お声」「お車」「お気持ち」

などになりましたし、一つのセンテンスのなかで、主語が同じであるのなら、何度も敬語を使わない、というような基準もあります。たとえば「天皇陛下はお車でご出発され、○○に到着されました」は、「天皇陛下は車で出発し、○○に到着されました」とする、というようなものもあります。

ここに全部例をあげることはできませんが、どちらかと言えば敬語多めのメディアと、なるべく少なめなメディアもあります。

ただ、新聞原稿、アナウンサーが読むニュース原稿に「基準」はあっても、テレビに登場する多くのレポーター、コメンテーター、タレントがどう使っているかというと、使い慣れない、正解（？）がわからないため、どんどん過剰になっていくように思います。

なんだか、企業が消費者のクレームを恐れるあまり、やたらに過剰な敬語になってしまうことに似ているような気もしますが、これもやはり「皇室の方を尊敬するあまり敬語が過剰になってしまう」というよりは、「失礼だと批判されたくない」という気持ちからそうなってしまうのだと思います。もう「不敬罪」なんてないのにね。

●昭和の終わりの不思議な「自粛」

ふと思い出したのは、昭和天皇が亡くなったときのことです。昭和天皇が病気になってからというもの、テレビは毎日毎日、下血の量まで伝えました。いくら天皇陛下の体調だからといって、また宮内庁の発表だからといって、そこまで毎日伝えるべきだったのでしょうか。むしろ尊敬されるべき人であるからこそ、そんな情報を公開するべきではなかったのではないか、とも思う。あれほど「下血量」を報道された人間がほかにいますか？

あんな報道をしておきながら、それ以外の部分では、昭和天皇が亡くなる前後、すべてのメディアも、社会も「自粛」「自主規制」でがんじがらめになっていたように思います。さまざまなお祭りは軒並み中止、結婚披露宴も延期、娯楽番組も中止か地味めに演出を変更、「お元気ですか」というCMのセリフは音声がナシになりました。「不謹慎と思われかねない」という気分ばかりが蔓延しました。

当時、私自身もこんな経験をしました。

昭和天皇の病状が悪化したころ、たまたまある大新聞の広告記事だったと思いますが、その中に私の著書が紹介されている部分がありました。私の母方の祖母について書いた『思へばこの世は仮の宿』（講談社）というノンフィクションです。すると、その新聞の広告部から電話がかかってきて「このご時世なので、この本は削除したい」と言われた。「思えばこの世は仮の宿」という言葉は、信仰心が篤く福祉のために尽くした祖母が自分でつくった道歌で、お墓にもこれが刻まれています。私はそれをタイトルにしたのですが、「昭和天皇の御世」にそれを「仮の宿」とは、亡くなられようとしている天皇に失礼にあたるのではないか、ということで、さらに「みんなが心配している時だから」などが理由でした。

私はビックリして「これは祖母の歌をそのまま使ったものです。なぜそれがいけないのですか」と聞くと、「今は、そういうものであっても気をつけている」と言う。私は「あなたに判断できないのなら上司と話をさせてください」と迫り、数日後に上司がやってきた。私は「人の著作物のタイトルまで規制するとはどういうことなのか」と言いました。結果的に相手が折れ「今回はこのままでいいことにします」ということになりましたが、あのときは本当に呆れました。

亡くなったときにも、メディアはずいぶん混乱したようです。ある雑誌は「表紙のタイトルの赤は失礼にあたるから」とグレーにしたり、ヌードグラビアは当分掲載しないことにしたり。

尊敬する、敬愛する、悼むという気持ちとは、かけ離れた場所でも「自主規制」は続きました。みんなが横並びではないと不安で、お互いに様子を見合い、誰も一歩目を踏み出せない。すると「誰かが決めてほしい」という気持ちになって、業界団体で決めてほしいとか、国に決めてほしい、という話になる。

コロナ禍での「自粛」も、それと変わらないのです。

この「みんなと違っていると不安」「ほかの人がやっていないことはできない」という「自粛」で、行動も言葉も「みんなと同じ」にしようとすることは、危険で恐ろしいことです。

●命をいただく

映像の話が長くなったので、言葉の話に戻りましょう。

「命をいただく」

という言葉。これも、どうも気になる言い回しで、しかもずいぶん増えてきているように思います。

漁や狩猟の様子などを紹介したあとでそれを食べる、という話になったとき、まるで言い訳のように、この言葉はよく使われます。

動物を殺しているけれど、ありがたくいただいております、けっして無駄にはいたしません、感謝しております、というような意味で使うのでしょうが、わざわざそんな一言をつけ加えたところで意味はありません。

本来、米だろうが肉だろうが、人間の食事になってしまった動植物や、育てた人に感謝するということは、子どものころから、なんとなく親や先生に言われたように、私たちの心のなかに自然に入っているべきものです。「お百姓さんが一所懸命育てたお米だから一粒残さずちゃんと食べなさい」と言われたことがある人は多いはずです。

その代わりの言葉が「命をいただく」なのでしょうか。でも、私はそうとは思えません。子どもたちに動物への感謝を教えたいというより、「動物を殺している映像」を見せた言い訳のように感じます。

「私たちは、動物を殺して食べていることを忘れてはいけない」ということを、本気で伝えたいのなら、別の伝え方、別の言葉があるでしょう。別の番組をつくったほうがいいかもしれない。

けれど、あまりにも安易に、何かと言えば「命をいただく」と言っておけばいいというわけではありません。

自然をテーマにしたドキュメンタリーでも、日本のテレビ局が制作したもののナレーションを聞いていると、何かと言えば「親子の愛情」といったものが多く、編集もこうしたものが軸になっているものばかり目立ちます。動物の狩りの画面も「母親は必死で子どものために食べ物を探します」だの、殺された動物がいれば「これも命をつなぐために大切な自然の営みです」やら「次の世代にバトンをわたす」だのという、いかにも「人間目線」のきれいごとが並ぶ。

「命をいただく」という言葉に限らず、一度使い出すと、あっちでもこっちでも同じ言葉を使う、ということが多すぎます。

真意を伝えたいのなら、言葉をその都度きちんと選んでほしい。とくにメディアに関わる人ならば、それはもっとも大切なことのひとつだと思います。

●使いすぎで劣化する「やさしい」

「やさしい」は、本来とてもいい日本語です。

けれど近年は「やさしい」があふれすぎではないかと思います。

どの業界もバカのひとつ覚えのように「地球にやさしい」とか「自然にやさしい」ばかり言わないでほしい。

今やどんな企業も、高度成長期にはまったく配慮していなかった「環境への負荷」を減らすことを考えざるを得なくなってきました。それはいいことだけれど、とにかくこの言葉を使っておけばいいだろう、という姿勢のほうが目立つように思います。


「自然にやさしい工事」

「環境にやさしい車」

「地球にやさしい暮らし」

と、広告代理店が片手間で考えたような「やさしい」があふれ、さらに健康に関する言い回しにも波及して、「お肌にやさしい」「目にやさしい」「お腹にやさしい」「膝にやさしい」「腰にやさしい」と「やさしい」のオンパレード。さらに「家計にやさしい」「お財布にやさしい」、食レポも「やさしいお味です」になってしまう。

言葉のはやりと思えば、いずれすたれることもあるかもしれないけれど、使っている人は「流行語」だと思って使っているわけではないところが、少し違うように思います。流行語は、それが流行語とわかって面白がって使い、ちょっと古いと思えば使わなくなります。「ナウなヤング」なんてすぐ死語になりました。

けれどこの「命をいただく」や「地球にやさしい」は、ちょっとたちが悪い気がします。「こう言っておけばいいだろう」という、一種の免罪符的な言葉で、そう言っておくことでなんらかの責任を回避しようとしている気配、語感がある。広告代理店が考え出したコピーを、他の代理店も、自治体も、企業も、メディアもみんなで使いまわしているだけ、という言葉で、若い人たちなどの間で自然発生して広がったものではありません。

それをまったく意識せずに、普通の言葉として使うことに、私は危うさを感じます。「言葉は生きている」と書きましたが、生きているということは、生き生きとしていなくてはならない。言葉はまず「個」のものではなくてはならないけれど、多くの言葉は「社会の空気」も反映します。

ある言葉が流行っているとき、安直に受け入れるのではなく、そこに何が反映されているのかを読み取る「勘」のようなものを、私たちは磨くべきです。

「地球にやさしい」という言い回しが目についているとき、また自分でもつい使いそうになるとき、それが本当に「環境問題への意識が昔より高くなっているから」なのか、を立ち止まって考えてみる必要もあると思います。

「やさしい」という言葉はいい言葉ですが、その「多用」の理由はなんだろう？　と、ちょっとでも考えることは、言葉を大事にすることであり、同時に自分の生き方を大